山东省一流学科山东师范大学文学院中国语言文学学科建设经费资助

山东省一流学科山东师范大学文学院中国语言文学学科
"高层次著作"中文书系编委会

自我认同与青春叙事

"80后"作家研究

祁春风◎著

中国社会科学出版社

图书在版编目(CIP)数据

自我认同与青春叙事:"80后"作家研究/祁春风著.—北京:
中国社会科学出版社,2019.10
ISBN 978-7-5203-5192-8

Ⅰ.①自… Ⅱ.①祁… Ⅲ.①作家—人物研究—中国—现代
Ⅳ.①K825.6

中国版本图书馆 CIP 数据核字(2019)第 216550 号

出 版 人	赵剑英
责任编辑	郭晓鸿
特约编辑	王 潇
责任校对	赵雪姣
责任印制	戴 宽

出 版	中国社会科学出版社
社 址	北京鼓楼西大街甲 158 号
邮 编	100720
网 址	http://www.csspw.cn
发 行 部	010-84083685
门 市 部	010-84029450
经 销	新华书店及其他书店

印 刷	北京明恒达印务有限公司
装 订	廊坊市广阳区广增装订厂
版 次	2019 年 10 月第 1 版
印 次	2019 年 10 月第 1 次印刷

开 本	710×1000 1/16
印 张	13.75
插 页	2
字 数	191 千字
定 价	69.00 元

序

　　作家代际研究，已然成为当前文学研究热点之一。祁春风的《自我认同与青春叙事——"80后"作家研究》一书，也是这方面的新成果。这本书是他在博士学位论文的基础上修改而成的。当初，他在博士论文开题前，拿着几个选题和我商量，我建议他选择了"80后"作家研究课题。理由是，一方面，经过十几年的发展，"80后"文学现象可以进行初步的系统的研究了；另一方面，他自己本人就是"80后"，研究同代作家有独特的优势，也具有很好的研究潜力。根据我自己的经验，作为"60后"，我的研究视野最多只能触及"70后"作家，再年轻的作家就很难做出系统关注了。所以，文学批评、学术研究也需要有代际传承的意识。学者——特别是年轻学者，要有与时俱进的意识。

　　同代人的批评和研究天然地具有许多优势，共同的时代经验，相似的成长经历，让研究者对作家有更多的"同情之理解"，对作品有更加亲切细腻的感受，对作品意义和价值也有独到的见解。最典范的同代人批评和研究是脂砚斋评点《红楼梦》。虽然至今脂砚斋的身份以及与曹雪芹的关系都难以确定，但他（们）无疑是曹雪芹的同时代人，而且肯定是对曹雪芹了解很深的人。所以，脂砚斋的批语对曹雪芹的思想情感、创作意图、作品结构、隐喻、人物形象做出了最贴切的说明和阐释，成为后世"红学"研究最重要的参考文献。当然，同代人的批评和研究也容易产生一些缺陷，需要尽量克服。由于审美距离太近，情感共鸣过深，处理不好的话，研究者就容易陷入与同代作家作品的相同的话语体系和方式中去，并会对学术所必需的客观性产生影响。

祁春风的"80 后"作家研究，自然也有同代人批评和研究的优势与缺陷，但尽量地做到了扬长避短，展示了自己比较突出的个性特点。

首先，他选取了一个新颖、恰当的研究角度。以往多数研究者，一般从文学市场、媒介、青年亚文化等角度去研究"80 后"文学，虽然也解读了 21 世纪初期这一突出的文学现象，但基本上还停留在文学外部研究、文化研究等层面。而祁春风充分利用同代人的感同身受的优势，运用宽泛的自我同一性、身份认同等理论，突入创作心理、文本细读的研究层面，对"80 后"作家的创作动机、特征和价值予以探究。正如他自己所阐述的，"'80 后'一代在相对传统、单一的文化环境中度过了自己的童年，而在青春期遭遇了中国社会的巨变，进入后现代文化主导下的多元文化环境，原有的精神、价值体系被颠覆了，于是发生了自我认同的危机"。运用创作心理这把钥匙，祁春风开启了"80 后"文学的内部风景。于是，此书的主体部分阐释了"80 后"作品中自我认同过程和各种认同心理的书写。其次，祁春风的"80 后"作家研究具有广泛性和普遍性，重点论述的代表性作家有韩寒、郭敬明、春树、张悦然、周嘉宁、笛安、张怡微、文珍、颜歌、甫跃辉等十位，涉及的"80 后"作家更多。这些"80 后"作家，成名有先后，成长的途径多样化，既有新概念系、市场化的作家，也有从创意写作、传统期刊道路走出的作家。祁春风从广泛的、不同类型的"80 后"作家身上，挖掘出共同的心理危机和文学书写，产生了较强的说服力。再次，他对研究范围也做了一定的限定。因为"80 后"作家已出现转型的动向，为了保持论题的集中和有效性，他牢牢抓住青春叙事这一内容，排除了"80 后"转型之后的创作。这样的处理应该说是比较明智的，"80 后"转型之后的创作具有多样性，每个作家着力的方向并不相同，代际的共同特征也相应地衰减了。最后，应该肯定的是，祁春风在研究过程中，始终保持着学术的客观性。并非说他完全去除了情感倾向，有时，读者还是能够感受到其为"80后"文学正名的冲动。但他克制着自己的情感，不偏不倚，既有理有据地阐述了"80后"文学的新颖内涵和价值，也正视和总结了"80后"青春叙事的缺陷。这一点在此书的第六章中有充分的展现。

作为博士论文的修改版，祁春风对这本书下了很大的功夫，其学术质量是完全可以信赖的，对于祁春风来说，这也是他学术生涯一个重要的起点。在今天，"80后"作家已经显露出越来越强劲的发展势头，毫无疑问会成为中国当代文学的中流砥柱。我也希望祁春风能够对他们的创作继续做出跟踪研究，成为对他同代作家的一个优秀关注者和研究者。当然，我也希望他能够扩大视野，把不同时代的作家纳入自己的研究范围中，因为只有具有宽阔的文学和学术视野，在不同文学世代作家比较的前提下，才能真正认识"80后"创作，也才能真正深入地进行文学代际以及当代文学整体性的研究。我对他未来的学术发展充满期待！是为序。

贺仲明

己亥年春于羊城

目　　录

绪　　论

一　又见"青春叙事"潮

青年群体、青年文化和青春叙事文学是工业化、现代化进程的产物。在西方社会，现代"青年"概念，大约在 18 世纪 70 年代以后才出现。资本主义生产方式、劳动力生产模式让青少年摆脱了家庭和传统社会结构，进入城市成为产业工人，或者接受长期、系统的学校教育，形成了一个相对独立、相对集中的青少年生活阶段和生活圈子。"与此相比，18 世纪晚期的两位伟大的欧洲作家——卢梭和歌德，则在他们的文学著作中生动描绘了青春期特有的情感骚动，表达了他们对于青春风暴的浪漫想象。"[①] 在中国，"青年"一词，虽古已有之，但也从近代才开始广泛使用，同样伴随着现代化进程。最早是 19 世纪末"基督教青年会"的传入，天津、上海等地成立中国的基督教青年会，青年群体开始自觉。20 世纪初期，随着现代学校教育的建立和推广，青年学生开始成为有一定社会影响力的群体。1915 年陈独秀借助群益书社创办《青年杂志》，读者目标定位于青年群体。但不久上海基督教青年会写信给群益书社，认为他们已办《青年》

[①] 孟登迎：《译丛总序　民间恶魔、身份认同还是仪式抵抗？——西方青年文化研究的历史和多重视野》，载［英］斯图亚特·霍尔、托尼·杰斐逊主编《通过仪式抵抗：战后英国的青年亚文化》，孟登迎、胡疆锋、王蕙译，中国青年出版社 2015 年版。

杂志和《上海青年》，要求《青年杂志》改名。实际上，当时松江县的善导报社也出版有《青年杂志》，发表了许多在校青年学生的文章。1916 年 9 月，陈独秀主编的《青年杂志》改名为《新青年》，很快成为新文化运动和文学革命的阵地。可见，新文化运动和文学革命的成功，在很大程度上与陈独秀等人面向青年群体进行思想启蒙的策略有关。而中国的青年群体在此之后显然已经形成，但通过接受启蒙思想而变得更加自觉。

在五四时期，由于获得了思想启蒙和学习了白话文学，青年群体掀起了中国现代文学史上第一次青春叙事潮流，郁达夫为代表的创造社小说家以及庐隐、淦女士等人，挑战旧道德，追求个体自由，抒写青春的理想和苦闷。五四新文化落潮之后，革命文化和文学逐渐兴盛，此时期"革命加恋爱"小说十分流行，虽说在革命思想和小说艺术上不免幼稚，但也充满了青春理想和热情，可视为第二次青春叙事潮流。经过抗战和解放战争的洗礼，新生的共和国散发着蓬勃的青春气息。尽管在冷战格局中政治意识形态笼罩社会文化的所有领域，书写革命历史和社会主义运动的文学是主流，但 20 世纪 50 年代"新人"形象的涌现，实际上隐含着第三次青春叙事潮流。"文革"后，"知青"一代作家对青春岁月的追忆、对青春价值的反思形成了第四次青春叙事潮流。20 世纪中国文学史上的这四次较大的青春叙事潮流，都发生在社会政治历史巨变的时期，受到启蒙与革命等宏大话语和主流意识形态的巨大影响。

21 世纪初期，"80 后"青年作家群体的文学活动成为突出的文学、文化现象，俨然又是一次青春叙事潮流。但这次青春叙事潮流与之前有很大不同，其外因是现代化、城市化的突飞猛进和随之而来的社会文化巨变。此时处于青春期的"80 后"群体丧失了明确的反抗或抒情的对象，他们的青春叙事似乎是自怨自艾，陷入了既喧闹非凡又遭受贬低的尴尬境地。

"80 后"青春叙事潮流肇始于 20 世纪末启动的"新概念作文大赛"，虽说之前已有许佳等少数"80 后"出版了青春叙事作品。1998 年年底，《萌芽》杂志社联合北京大学、复旦大学、华东师范大学、南京大学、南开大学、厦门大学、山东大学等全国著名大学，发起和主办"新概念作文大赛"。《倡议书》中说举办作文大赛的目的是促使中学语文教育走出误区，"同时也为了文学后备人才的发现和培养"；《征文启事》中提出"新思维·新表达·真体验"三大征文标准，并说明"大赛聘请国内一流的文学家、编辑和人文学者担任评委，定于1999年1月1日起，每年举办一次"。

"新概念作文大赛"取得了极大的成功，原因在于，一方面《萌芽》杂志社努力把"新概念作文大赛"办成"现行高考制度的补充形式"，前几届的多位获奖者被著名大学提前录取，产生了广泛的社会影响，也吸引了越来越多的具有文学才能的中学生参加比赛。另一方面，以韩寒、郭敬明、张悦然为代表的大赛获奖者很快被文学出版市场认可，受到青少年读者群体的追捧。

最早成名的是韩寒，他的长篇小说《三重门》在2000年出版后成为畅销书，小说批判中学教育和考试制度，抒发校园生活的愤懑之情，得到中学生的共鸣。之后是郭敬明和张悦然刮起作品畅销的旋风，郭敬明的《幻城》和《梦里花落知多少》等小说在"抄袭"的争议中依然创造了当代文学出版的神话。而张悦然连续推出更具纯文学气息的《葵花走失在1890》《樱桃之远》《十爱》等小说集或长篇小说作品，也产生了较大的影响。除他们以外，还有一大批从"新概念作文大赛"中陆续走出来的"80后"作家，如徐敏霞、周嘉宁、范继祖（小饭）、马天牧（马小淘）、蒋峰、戴月行（颜歌）、霍艳、张怡微、赵勤（七堇年）、夏茗悠，等等。

"新概念系"写作者的不断涌现，在文学出版市场上形成了份额较大的"青春文学"板块，同时引来了其他的竞争者。在北京，辍学少女春树、大学生孙睿的创作先后引起争议和关注，春树的《北京娃娃》《长达半天的欢乐》等长篇小说表现朋克式的"反叛"，而孙睿的《草样年华》等长篇小说则以自嘲、幽默的语气描写大学生活的"颓废"。

2004 年 2 月 2 日，春树登上《时代》周刊（亚洲版）封面人物，相关文章认为春树与韩寒、满舟、李杨等人是中国"80 后"的代表，以"另类""新激进分子"等词汇形容他们。之后，在 2005 年 6 月 25 日《时代》周刊（全球版）介绍了中国"80 后"写作者李傻傻，称其为书写城市里农民工的"幽灵作家"。《时代》周刊对中国"80 后"作家的"标签化"解读并不贴近，但显示了全球化时代境外媒体对"80 后"浮出历史地表和文学创作"早熟"，具有推波助澜和形塑的作用。国内媒体更是大张旗鼓地与出版商合谋，炮制了胡坚的《愤青时代》作品讨论会、"80 后实力派五虎将"，以及各种"十大'80 后'作家排行榜"等新闻事件。在这一过程中，春树、孙睿、李傻傻等非"新概念系"的"80 后"作家也声名大噪。

"造星运动"式的青春文学潮流与出版资本的狂欢在 2005 年前后陷入低谷，大量青春写手昙花一现，许多青春文学书籍出现滞销现象。于是，2006 年后，"80 后"青春叙事潮流进入一个新的发展阶段。

外在的显著变化有两点，一是郭敬明、张悦然、韩寒等人先后分别主编青春文学杂志《最小说》、杂志书《鲤》系列和智能手机阅读应用《ONE·一个》。尤其是郭敬明的最世文化公司，出版发行《最小说》《文艺风赏》等杂志，旗下集结了笛安、落落、七堇年等许多青春文学作者。张悦然主编的《鲤》杂志书，虽然出版频率不高，但其精致的作品和"小资"风格十分契合城市白领阶层，也取得一定的市场地位。郭敬明、张悦然等成名的"80 后"作家，借助自身的"品牌效应"和影响力，开始主导青春文学的发展。由于这些出版平台的出现和分层次性，青春文学的题材和内涵不断丰富，除了中学生，还吸引了越来越多的大学生、城市青年、中产阶层读者，同时培养了更年轻的青春文学作者。青春文学开始步入稳定的常态化、多层次性发展阶段。

二是许多"80 后"作家加入作协。2006 年年末，铁凝当选作协主席，她曾多次担任"新概念作文大赛"的评委，她对"80 后"的了解和亲和态度，促进了作协对青春文学作家的吸收。2007 年 4 月，鲁迅文学院召开青年作家座谈会，许多"80 后"作家受到邀请。同年 9 月，郭敬明、李傻傻、张悦然、蒋峰等 10 位"80 后"作家加入中国作协。在此前后，一批"80 后"作家加入了所在省份的作协。当然，这些"80 后"作家加入作协不能说明他们都力求进入体制内生存，郭敬明等人并没有放弃青春文学商品化的努力，虽然他们在文学编辑、出版、营销上越来越成熟，但也不能得出青春文学已经得到文坛的认可和正面评价的结论。在新时期历经多年的"去政治化"文学思潮后，纯文学场已拥有自己的标准和出版、评价体系，有比较强的自主性。它对青春文学依然是排拒的，对"80 后"进行着严格的筛选。

内在的变化是"80 后"创作的转型。随着"80 后"作家逐渐告别青春期，走出校园，不断增添社会阅历和人生经验，他们创作的题材和艺术视野也在拓展。当然，他们逾越青春叙事的步伐和程度不等，比如郭敬明的《小时代》保持了青春叙事的基调，同时掺杂都市、商战等生活内容，而颜歌的《我们家》讲述父辈的故事，只剩下叙述者的带有青春气息的话语。

在 2010 年以后，甫跃辉、郑小驴、孙频、文珍等"80 后"作家开始引起文坛关注，他们主要通过纯文学期刊发表作品，在文学体制内成长，"大器晚成"。文学传统对"80 后"创作的影响也随之逐渐变大，传统风格在"80 后"青春叙事中得到一定程度上的传承和创新。比如，孙频的小说透出一股苍凉之气，她刻画城市里底层女性的卑微与挣扎，她的《无相》等中短篇小说是别样的青春叙事，主人公的青春乃是不堪回首的心灵创伤。而甫跃辉、郑小驴把乡土小说的清新带入了青春叙事，甫跃辉的短篇《少年游》《初岁》《鱼王》和长篇《刻舟记》等作品，详细描写乡村风景、风俗和劳作场景，讲述乡村青少年不无困扰和迷茫的恋情、成长。郑小驴的长篇《西洲曲》既是有关计划生育政策的沉重的复仇故事，也是一个孤独的乡村少年罗成的成长史。当然，这些直接进入纯文学场的"80

后"作家的创作不是纯粹的青春叙事，而是面向现实、人生、人性和心灵，试图表达复杂、深刻的主题，风格也更加多元。

从以上对"80后"青春叙事潮流的简单梳理中可以发现，这一文学现象具有形成、构成的复杂性和发展的诸多变化。对这一潮流的命名和指称也有"80后"文学、青春文学、青春小说等词汇，而且相关研究中还出现了青春叙事、青春主题、青年形象、成长小说等概念。其实，无论是"80后"文学，还是青春文学、青春小说等，最初都是由媒体和出版商发明，运用于文学出版、营销当中，之后才逐渐进入文坛和学术界。研究者最常用的是"80后"文学和青春文学这两个概念，虽然这两个概念一开始处于混用状态，但它们的内涵和外延都存在差异，逐渐在学术研究中呈现出不同的面向和视域。

首先来看"80后"文学这一概念。"80后"一词表面上只是简单地以出生年代标明新的世代，实际上，它进入文学领域之前，已经从社会语境中获取了丰富的含义。在媒体报道中，"80后"常常带有"独一代"、任性、叛逆、反传统、自我中心、没有责任感等刻板印象。《时代》周刊的"另类""新激进分子"等标签就是其中的代表。而出版商在营销"80后"作品时，显然利用了媒体中"80后"所携带的"叛逆"方面的含义。

"80后"一词进入文坛、学术界之后，其社会语境中媒体赋予的含义还有一定的影响，但总体上逐渐趋向中性化，与"60后""70后"等概念一样，属于"代际文学"这一研究视域。比如2004年7月8日上海作协召开的"80后青年文学创作研讨会"，11月22日北京语言大学人文学院与中国当代文学研究会联合主办了"走近'80后'研讨会"。同年，白烨在为中国文联出版社推出的作品集《我们，我们80后的盛宴》所作序言中，认为"80后"写作题材的广泛、丰富和主题的厚重性，已经超越了"青春文学"的概念，"我宁可把'80后'看成是当代文坛日益崛起的一个新的群体，他们是接续着'70年代人'的脚步大踏步地向我们走来的一支文学的新军"①。可以说，白烨最早表达了纯文学场和研究界对于"80后"作家及其文学的态度和立场。其后，《收获》《人民文学》《小说月报》等刊物在推介青年作家的作品，以及《百家争鸣》《名作欣赏》等刊物讨论"80后"作家时，往往认可文学性较强的张悦然、笛安、颜歌、张怡微以及通过传统渠道成名的甫跃辉、郑小驴、文珍等人，并把他们从青春叙事潮流中剥离，视之为纯文学的新生代。

　　然而，对于复杂、多层次的"80后"文学，不应简单地否定或遮蔽其市场化写作和青春叙事的成分，而应该在深入理解作家主体和时代文化的关联性的基础上，客观地剖析其中每个组成部分的特征和价值。

　　再看"青春文学"的概念。青春文学和青春小说都是随着"80后"创作而产生的新概念，广义的青春文学包括青春小说，还包括与青春小说相似题材和主题的散文、随笔等文体，狭义的青春文学实际上等同于青春小说。对于青春文学（青春小说）的概念，一些学者进行了界定和总结。季红真认为，"青春小说是一个新兴的概念，顾名思义是以青春期的生命为主要内容"②。这是从作品内容界定"青春小说"。贺绍俊认为"青春文学"概念十分明确，既针对文学作品的内容，也针对文学的创作主体。"青春文学大致上是指处于青春期或刚刚度过青春期的年轻一代作家所写作的表现青春期生活的文学作品。"③ 他的界定比较准确和全面，也比较贴合"80后"创作的实际情况，实际上他在文章开头也明确指出了两者的关系，认为"80后"的出现和活跃与"青春文学"潮流是一种伴生关系。当然，"青春期"这一来自生理学的关键词，在文学研究中应该更加宽泛地理解，因为在现代时期青少年的成长和作家的青春体验肯定要超过"青

　　① 白烨：《序·新的群体　新的气息》，载何睿、刘一寒主编《我们，我们80后的盛宴》（上），中国文联出版社2004年版。

　　② 季红真：《从反叛到皈依——论"80后"写作的成人礼模式》，《文艺争鸣》2010年第8期。

　　③ 贺绍俊：《以青春文学为"常项"——描述中国当代文学的一种视角》，《文学评论》2011年第1期。

春期"的时间长度和生理层面。

然而，随着时间推移，"青春文学"这一概念与"80 后"的创作开始分离，许多"80"后作家出现创作转变，不再书写青春，而"90 后""00 后"写作者将会前赴后继地登场。而且，"青春文学"这一概念在实际运用中还包含了"80 后"创作的玄幻类作品，如郭敬明的《幻城》《爵迹》等，这些作品并不能"表现青春期生活"。同时，"青春文学"这一概念也加速了青春叙事作品的类型化，当前冠以"青春文学"之名的许多出版物、绝大部分的网络文学作品已沦为校园言情故事。

因此，本书把研究对象设定为"80 后"作家的青春叙事，一是"80 后"作家这一创作主体的限定，二是"青春叙事"对文学题材、主题和话语方式的限定。本书将把文学代际研究和叙事潮流研究相结合，在分析"80 后"青春叙事的内容和特征时，联系"80 后"作家成长的社会语境、共同经历及其形成的世代心理特征。

而以"青春叙事"代替"青春文学"的概念，一方面因为"青春文学"概念已具有通俗文学、类型文学的含义，而且其外延中包含了玄幻、历史等题材的作品，但本书不会详细地分析郭敬明的《幻城》《爵迹》和张佳玮的新历史小说《倾城》《朝丝暮雪》等作品。另一方面，"青春叙事"这一关键词表明，本书不仅从叙事学的角度分析青春文学的故事层面和叙事特征，也通过叙事的话语层面，把叙事内容和特征与创作主体的心理相结合，进行形成性分析。另外，相比于"青春文学"的特指性，"青春叙事"这一概念相对宽泛和灵活，可以更好地与文学史上的青春叙事现象进行衔接和对照。比如丁帆主编的《中国新文学史》，运用"青春叙事"的概念作为小节目录，并梳理了当代文学中青春叙事的主要类型，包含青春颂歌、青春祭或青春哀歌、灰色青春或黑色青春，以及商业消费的"青春文学"。[①] 当然，"商业消费"的概括体现了这部文学史对"80 后"青春

---

① 丁帆主编：《中国新文学史》（下册），高等教育出版社 2013 年版，第 276 页。

叙事的批判态度。

本书选题的意义，首先在于既不讳言和遮蔽"80后"作家早期青春叙事作品的市场化"出身"，以及情绪化、风格化的艺术特征，又主要从叙事学、文学心理学角度分析作品特征和作家心理，力图去除"80后"作家研究中的"媒体话语"。不可否认，"80后"文学和青春文学的命名首先来自媒体，再得到文学界的认可。但当前对"80后"作家的研究仍在一定程度上受到媒体、出版界的强有力的影响，则不可取。比如对"80后"作家的"偶像派""实力派"的划分和论争，是媒体夺人眼球的说法流向学术界。这样的研究缺乏基本的文学标准。当然，"去媒体化"并不是忽略文学媒介的作用，而是不采用媒体的说法和判断，以文学作品为基础，运用文学的标准进行研究。由于"80后"青春叙事生成的复杂性，也需要文化研究的方法，但立论仍在文学研究的框架内。

其次，突破"80后"文学和青春文学研究的"现象论"，形成系统的"80后"青春叙事潮流的整体观。目前对"80后"作家的研究主要还停留在零碎的现象论上，要么谈论"80后"作家的成名、包装、商业化现象，要么探讨"80后"作家与新媒体、出版业的关系，要么发掘"80后"作家的教育背景、文学传承；或者从"80后"这一代人的特点，如"独生子女"、以自我为中心、孤独的成长等方面，宽泛地来解读他们的作品。本书试图发掘"80后"青春叙事的内容和话语特征，并通过这一桥梁来联结、统摄"80后"青春叙事的文学内外的因素，形成比较系统的认识。

再次，寻找"80后"青春叙事主题的独特性、叙事艺术的创新性和文学价值。"80后"作家的创作环境显然不用于前辈作家，一体化的主流意识形态已经解体，政治、文化环境已然改变，他们没有政治的重负，在相对宽松、自由的状态下成长。"80后"作家不需要"去政治化"和个人化写作的旗帜，他们已经拥有这样的现实。另外，由于社会的转型、新媒体的崛起、城市生活的压力，青年亚文化、流行文化对"80后"作家的影响力上升。反映到文学中，"80 后"作家的青春叙事呈现出较多的新质，但需要进行小说叙事艺术维度和纯文学标准下的深入分析和价值评估。

二 已有研究成果及局限

"80 后"作家的青春叙事潮流在 2004 年引起较大的社会和文坛关注，并获得"80 后"文学、青春文学、青春小说等多种命名后，与之相关的文学批评便十分活跃，并保持了长期的研究热度，迄今相关的期刊文章已累计五六百篇。同年，还出现了以"80 后"青春叙事潮流为选题的硕士学位论文，之后相关硕士论文逐年稳步上升，迄今以之为选题的博硕士论文（硕士论文占绝大多数）达到了上百篇。还有少量专著与一些文学史著作开始涉及"80 后"作家，如金理的《历史中诞生——1980 年代以来中国当代小说中的青年构形》①、杨庆祥的《80 后，怎么办?》②（由同名论文扩充而成）；而当代文学史著作如果涉及和延伸到新世纪文学，一般都会把"80 后"文学囊括其中。已有研究成果主要从"80 后"青春叙事的市场化、文化背景、叙事主题内涵、话语特征等方面进行了持续的探讨，在各个方面都取得了一定的突破，但在研究方法和价值判断上也存在一些偏颇和局限。

第一，由于"80 后"青春叙事潮流的产生、发展与文学市场、新媒体、大众文化的紧密关系，对其进行文化研究一直比较兴盛。这主要表现在以下三个方面。

一是讨论"80 后"文学产生的文化背景问题。

江冰在《论 80 后文学的文化背景》③ 中认为，"80 后"文学的三大文化背景是：网络文化、青年文化、大众消费文化。网络具有"零进入门

---

① 金理：《历史中诞生——1980 年代以来中国当代小说中的青年构形》，复旦大学出版社 2013 年版。
② 杨庆祥：《80 后，怎么办?》，北京十月文艺出版社 2015 年版。
③ 江冰：《论 80 后文学的文化背景》，《文艺评论》2005 年第 1 期。

槛""交互式共享"等优势，推动了"80 后"进入文学创作，许多"80后"作家也有网络写作的经历。而他所理解的青年文化是全球化、现代化带来的动漫、音乐、游戏等消费文化、大众文化。这与第三个"大众消费文化"因素存在重复的问题。之后，江冰在《新媒体时代的"80 后"文学》① 一文中，把"网络"包含在"新媒体"中，认为新媒体是"80 后"文学的"第一推手"，甚至断言没有新媒体就没有目前的"80 后"及其文学。李凤亮、卢欣在《谁影响了这一代人的青春——"80 后"文学出场背景分析》② 一文中，以春树、郭敬明、张佳玮等人为例，阐述了摇滚乐对于"80 后"的影响，另外也指出一些"80 后"对于安妮宝贝和王小波的模仿。而谢中山在《时尚文化与"80 后"写作》③ 一文中，认为在消费主义文化背景下，"80 后"作家浸染在"时尚文化"之中，"80 后"文学成为市场经济下的文化快餐。这些文章对于"80 后"文学的文化研究，基本上停留在文学外部，没有深入地发掘媒体、网络、流行文化、消费文化与"80 后"作家心理和创作特征的关联性，同时论述建立在早期"80 后"作家作品的基础上，对"80 后"文学评价较低或者进行了批判。

二是阐述"80 后"文学存在的亚文化特征，或认定其属于亚文学。

孙桂荣在《走过青春期的文学试验——论新世纪"青春文学"》④ 中，梳理了多种青春文学的类型，并以伯明翰学派的亚文化理论分析了其中的"叛逆型青春文学"和"忧伤型青春文学"，指出它们被主流文化在不同程度上的"招安"。吴俊也在《文学史的视角：新媒介·亚文化·80 后——兼以〈萌芽〉新概念作文的个案为例》⑤ 一文中，指出文学写作者在文学

---

① 江冰：《新媒体时代的"80 后"文学》，《小说评论》2008 年第 2 期。
② 李凤亮、卢欣：《谁影响了这一代人的青春——"80 后"文学出场背景分析》，《当代文坛》2006 年第 1 期。
③ 谢中山：《时尚文化与"80 后"写作》，《文艺争鸣》2007 年第 4 期。
④ 孙桂荣：《走过青春期的文学试验——论新世纪"青春文学"》，《文艺争鸣》2009 年第 4 期。
⑤ 吴俊：《文学史的视角：新媒介·亚文化·80 后——兼以〈萌芽〉新概念作文的个案为例》，《文艺争鸣》2009 年第 9 期。

体制外的生存已经成为常态，肯定"新概念作文大赛"具有积极的文学史意义，它催生了一种具有鲜明的社会亚文化、亚文学的青少年写作现象。早期"80后"青春叙事作品以及其后类型化的青春文学，确实受到青年亚文化的影响，具有一定的亚文化特征，对其进行亚文化的解读也有合理性和必要性。然而，青春文学也与亚文化存在巨大的差异，它虽有风格化的倾向，作为文学却可以直接表达丰富而明确的意义，与伯明翰学派定义的亚文化并不符合，因此，不应简单地把青春文学归属于亚文化领域。

三是运用后现代主义理论对"80后"作品进行解读和批判。

早期"80后"青春叙事在文学市场、文化工业的制约下，确实出现了许多征候和不良写作倾向。曹霞在《自戕的青春，拼贴的游戏——"80后"文学批评》[①] 一文中，认为"80后"作家在开掘完自己有限的个人生活和青春体验后，开始自我复制和拼贴，他们的许多作品成为无意义的文学商品、复制品。丁帆主编的《中国新文学史》（下册）在"新的文学年轮"小节中，运用文化工业、消费文化、媒体等理论和视角，全面地阐释和批判了"80后"作家存在的"自恋式的病态呻吟""泛滥的小资情调"，以及模仿、拼贴乃至抄袭的创作现象。[②] 这些批评切中了早期"80后"青春叙事的某些弊病，但研究者在借鉴法兰克福学派的文化批判理论时，应根据研究对象进行必要的调整，同时要立足于文学本身。"80后"文学也有值得肯定的地方，而且许多具有纯文学情怀的"80后"作家，对青春文学有一定的反思，出现了创作的转变和叙事艺术的进步。

第二，在文学研究框架内，研究者最重视对于"80后"青春叙事主题内涵的讨论和概括。在新的历史条件和社会文化影响下，"80后"文学呈现了许多迥异于前辈作家的思想倾向和情感表达，研究者也从多个视角和层面对其进行了阐释。

---

① 曹霞：《自戕的青春，拼贴的游戏——"80后"文学批评》，《艺术评论》2007年第7期。
② 丁帆主编：《中国新文学史》（下册），高等教育出版社2013年版，第414—416页。

一是探讨"80后"青春叙事呈现的最根本的思想内涵和叙事模式。

季红真在《从反叛到皈依——论"80后"写作的成人礼模式》① 一文中，通过对大量的"80后"作品的细读，认为"80后"文学存在"成人礼模式"，"80后"作家书写的自己和这代人，虽然曾有怀疑和反叛，但最终走向理智地承认和接受部分的现实，乃至宿命。而郭彩侠、刘成才在《一代人的写作论理——80后作家的美学症候与精神叙事轨迹》② 一文中，认为"80后"作家创作的是"反成长"小说，表达了自身的迷惘和迷失，因此"80后"青春叙事颠覆和解构了传统成长叙事模式。这两种看似针锋相对的观点，都运用了"成长小说"的概念，而且后者也承认，如果宽泛地理解"成长"，反对传统道德、反对意识形态规训的"反成长"也是一种特殊方式的成长。这也证明了"成长小说"的概念不能够很好地解读"80后"文学。

二是认为自我意识、自我认同的表达是"80后"青春叙事主题的重要内容。

贺绍俊在《以青春文学为"常项"——描述中国当代文学的一种视角》③ 一文中，概括出青春文学有三个关键词：理想、爱情和自我。但他力图把"青春文学"的概念作为解读当代文学的"常项"，并以此回顾和阐释了1949年以来的一些的作品，如王蒙的《青春万岁》、茹志鹃的《百合花》等，因此，文章对这些关键词也只是结合青春期人生的特征作了比较浅显的界定，但"自我"这一关键词的明确提出不无启发意义。郭艳在《代际与断裂——亚文化视域中的"80后"青春文学写作》④ 一文中，试

---

① 季红真：《从反叛到皈依——论"80后"写作的成人礼模式》，《文艺争鸣》2010年第8期。

② 郭彩侠、刘成才：《一代人的写作论理——80后作家的美学症候与精神叙事轨迹》，《文艺争鸣》2011年第6期。

③ 贺绍俊：《以青春文学为"常项"——描述中国当代文学的一种视角》，《文学评论》2011年第1期。

④ 郭艳：《代际与断裂——亚文化视域中的"80后"青春文学写作》，《中国现代文学研究丛刊》2011年第8期。

图阐述和揭示"80 后"自我意识的特点和成因，她认为"80 后"写作呈现出强烈而独特的"自我"意识，这与"80 后"作家在现代城市中的生存体验密不可分。而乔春雷在《青春想象与自我认同——张悦然论》① 一文中，通过张悦然的个案分析，认为作为备受宠爱的"独生子女一代"，"80 后"的自我意识中存在一种"公主梦"，这也反映出青春期的自我对成人社会的拒绝。这两篇文章比较深入地探讨了"80 后"对自我认同的书写，是本书借鉴的重要前人成果。

三是探讨"80 后"写作的女性意识和身体意识。

李振在《尚未长成的"身体"——以〈北京娃娃〉为例看"80 后"写作》② 一文中，比较了春树的《北京娃娃》与卫慧的《上海宝贝》，认为春树作品虽然多次写到性爱，但只是青春期的叛逆，对"身体"没有足够的重视，不是"身体写作"，也没有清晰、完整的性别意识和女权主义精神。乔以钢、李振在《当身体不再成为"武器"——"80 后"部分女作家身体书写初探》③ 一文中，通过分析春树、张悦然、周嘉宁等"80 后"女作家的作品，也持相近的观点，并认为主要原因有两点：一是在她们成长过程中，文化氛围对两性交往和身体书写已经少有束缚；二是她们还缺乏更多的人生阅历和相关的思考。以上这些文章指出了"80 后"文学在性别意识和身体意识等内涵方面的新特点，原因分析也比较具有说服力。

四是试图发掘"80 后"作家的历史意识、政治意识。

黄平在《"大时代"与"小时代"——韩寒、郭敬明与"80 后"写

---

① 乔春雷：《青春想象与自我认同——张悦然论》，《当代作家评论》2014 年第 2 期。

② 李振：《尚未长成的"身体"——以〈北京娃娃〉为例看"80 后"写作》，《文艺评论》2006 年第 4 期。

③ 乔以钢、李振：《当身体不再成为"武器"——"80 后"部分女作家身体书写初探》，《天津师范大学学报》（社会科学版）2008 年第 1 期。

作》① 一文中，认为郭敬明以"一种最卑下的浪漫主义"抒情地描摹上海的繁华，讴歌全球化"资本"；而韩寒的杂文和小说写作是抨击时代文化的游击战，所以说"80后"文学并没有脱离时代，而是与历史密切关联。杨庆祥在《当代小资产阶级的历史意识和主体想象——从张悦然的〈家〉说开去》②《"八〇后"，怎么办?》③ 等文章中，认为"80后"作家属于"小资产阶级"，在成长过程中产生了历史虚无主义，而张悦然的《家》等作品写出了"小资产阶级之梦"的破灭。黄平、杨庆祥等"80后"批评家可以切身体会"80后"作家成长的经历和思想倾向，他们对于"80后"文学的历史、政治蕴含的解读具有较强的新意。但不可否认，这些通过"再政治化"途径提升"80后"文学的观点还缺乏更严谨的论证。

第三，对于"80后"文学的风格、文体、人物形象、叙事结构等艺术特征，研究者都有所涉足，但主要散布在作家论中。早期"80后"青春叙事受到市场化的巨大影响，具有明显的风格化特征。邵燕君在《由"玉女忧伤"到"生冷怪酷"——从张悦然的"发展"看文坛对"80后"的"引导"》④ 一文中，敏锐地发现张悦然小说风格的变化，认为她的"玉女"作家形象是春风文艺出版社的市场规划，但从《红鞋》开始，张悦然转向残酷叙述与"小资情调"，迎合了纯文学场的引导，得到文坛的追捧。文章中简单的文学场决定论可以商榷，但对张悦然小说风格的提炼十分传神。张未民在《关于"新性情写作"——有关"80后"等文学写作倾向的试解读》⑤ 一文中，主要根据早期"80后"青春叙事的抒情性，把这种

---

① 黄平：《"大时代"与"小时代"——韩寒、郭敬明与"80后"写作》，《南方文坛》2011年第3期。

② 杨庆祥：《当代小资产阶级的历史意识和主体想象——从张悦然的〈家〉说开去》，《文学评论》2013年第2期。

③ 杨庆祥：《"八〇后"，怎么办?》，《东吴学术》2014年第1期。

④ 邵燕君：《由"玉女忧伤"到"生冷怪酷"——从张悦然的"发展"看文坛对"80后"的"引导"》，《南方文坛》2005年第3期。

⑤ 张未民：《关于"新性情写作"——有关"80后"等文学写作倾向的试解读》，《文艺争鸣》2006年第3期。

写作倾向命名为"新性情写作",阐述其特点是主情主义、性情为文、性情寄托和解放。这篇文章把"80 后"写作倾向与文学传统相结合,具有一定的启发性,但"80 后"文学的抒情性更可能是 21 世纪前后的时代文化造成的。张清华在《"残酷青春"之后是什么?——由春树感受"80 后"写作》① 一文中,发现春树的写作风格没有太大变化,是一种"本能化"的自传叙事模式,几部小说都采用了"流水式"的叙事结构,淹没在记忆的直接讲述中。这篇文章指出和剖析了春树小说的"自叙传"模式及其叙事特征。房伟的《永远的青春 永远的梦——从张悦然小说看中国 80 后文学创作之路向》② 一文,认为在消费主义文化语境中,张悦然成功地表达了个人化体验,创作了一种"诗意化的小说",重视想象、梦幻,语言典雅,还具有音乐性、画面感。文章肯定了张悦然为代表的优秀"80 后"作家的成绩,但对"诗意化的小说"的提法没有进一步的阐释。黄平在《"大时代"与"小时代"——韩寒、郭敬明与"80 后"写作》③ 一文中,还提出韩寒的小说是一种"杂文小说",提供了新的小说形式和美学风格。然而,文章中"杂文小说"的提法值得商榷,韩寒小说中的大量议论和小段子的穿插,更可能是一种小说叙事艺术的缺陷。"80 后"青春叙事作品一般缺乏复杂的结构,但也有少数例外的作品。李畅在《一部恢宏的文艺交响乐——颜歌〈声音乐团〉简论》④ 一文中,剖析了颜歌的《声音乐团》这部叙事结构精巧的长篇小说,运用"中国套盒"的比喻,层次分明地阐述了《声音乐团》的四层嵌套及其相互关系。"80 后"作家擅长传达自我的青春情绪体验,很少能够塑造出典型的人物形象。而岳雯在《发现

---

① 张清华:《"残酷青春"之后是什么?——由春树感受"80 后"写作》,《南方文坛》2007 年第 4 期。
② 房伟:《永远的青春 永远的梦——从张悦然小说看中国 80 后文学创作之路向》,《理论学刊》2011 年第 3 期。
③ 黄平:《"大时代"与"小时代"——韩寒、郭敬明与"80 后"写作》,《南方文坛》2011 年第 3 期。
④ 李畅:《一部恢宏的文艺交响乐——颜歌〈声音乐团〉简论》,《当代文坛》2012 年第 5 期。

笛安》①　一文中，分析了文学性较强的笛安小说中的人物形象，认为笛安塑造了一系列"郝思嘉式的性格"。

可以看出，研究者对于"80 后"青春叙事的艺术层面上的研究，主要集中在文体、风格等方面，而由于"80 后"文学本身的弱点和缺陷，对叙事技巧、人物形象等方面的讨论较少。

第四，从整体上评价和定位"80 后"青春叙事的文学价值与文学史地位。随着"80 后"青春叙事延续十年之久以及许多"80 后"作家出现创作转变，研究者开始尝试对"80 后"青春叙事的整体文学价值和文学史价值进行评估。高玉在《光焰与迷失："80 后"小说的价值与局限》②　一文中，认为"青春文学"并非"80 后"首创，但他们的贡献是提供了一种成熟形态，丰富了当代文学类型。"80 后"小说在审美、叙事等方面形成了自己的特色，但也存在思想深度不够、价值观迷茫、普遍模仿等严重的缺陷。此前，高玉在《"80 后"小说的文学史地位》③　一文中，对"80 后"文学史价值进行了比较谨慎的评估，认为"80 后"文学是重要的现象，冲击和改变了当代文学的格局，未来会在中国当代文学史上占有一定的地位。

事实上，迄今已有多部当代文学史教材把"80 后"作家的创作正式入史，作为新世纪文学的重要章节。比如，吴秀明主编的《当代中国文学六十年》第九章第七节"'八〇后'小说的另类书写"，认为"80 后"作家在新世纪文学的商业化中崛起，他们的文学书写内容也因此与前辈作家截然不同，"80 后"与中国 20 世纪文学发生断裂，不去描写和讲述外在的世界，"而是书写以自我为中心的世界，他们笔下的世界具有后工业社会消费时代的明显特征，浓郁的都市情结和小资格调"④。又如朱栋霖等主编的

---

①　岳雯：《发现笛安》，《名作欣赏》（上旬刊）2013 年第 2 期。
②　高玉：《光焰与迷失："80 后"小说的价值与局限》，《中国社会科学》2012 年第 10 期。
③　高玉：《"80 后"小说的文学史地位》，《学术月刊》2011 年第 12 期。
④　吴秀明主编：《当代中国文学六十年》，浙江文艺出版社 2009 年版，第 231 页。

《中国现代文学史 1917—2012（下）》第十七章第三节"80 后青春写作"，分析了"80 后"青春写作的文化背景，并重点介绍韩寒、郭敬明、张悦然、李傻傻等几位"80 后"代表性作家。① 上文提及的丁帆主编的《中国新文学史》（下册），在第十一章第二节"新的文学年轮"中对"80 后"作家进行了激烈的文化和审美批判。② 这些文学史著作侧重分析"80 后"创作的文化背景和文化意味，而对其文学价值评价较低。但这些文学史著作都局限于早期"80 后"青春叙事，对于许多"80 后"作家的创作转型还没有来得及梳理和论述。因此，无论是已有文学史论，还是文学史著作，对"80 后"青春叙事潮流的透视都不够全面和深入，对其整体文学价值和文学史地位也还没有形成客观、准确和公允的判断。

总体来看，尽管已有研究成果在文化背景、主题思想、艺术特征、文学史地位等各个方面探讨了"80 后"青春叙事潮流，但研究局限和缺失也很明显。一方面，对于"80 后"文学产生的市场化、消费主义、新媒体等因素的文化研究，游离在文学研究之外，不能很好地阐释"80 后"青春叙事的主题、艺术特征及其成因。另一方面，许多研究者坚守 1980 年代形成的纯文学标准，不能根据新的时代文化氛围进行变通和文学观念革新，对"80 后"文学产生了文学性低下的偏见，难以在研究中采用"设身处地"的同情态度，其否定性极强的批判自然也不能促进对"80 后"文学的客观认识。因此，如果能够克服这些已有研究成果的局限，把文化背景的研究纳入文学研究的框架，同时能够客观地分析"80 后"青春叙事的形成、文学特征和价值，便可以从中发现新的学术生长点。

三　本书的研究方法和思路

"80 后"青春叙事的创作主体、叙事主题和艺术特征都与青少年人生

---

① 参见朱栋霖等主编《中国现代文学史 1917—2012》（下），北京大学出版社 2014 年版，第 364—369 页。

② 参见丁帆主编《中国新文学史》（下册），高等教育出版社 2013 年版，第 414—416 页。

经验密切相关，"80 后"作家一般在青春期开始写作，许多人"少年成名"。而他们在作品中书写了自身在青春期、青年早期的生活和体验。作品的风格、情理表达方式、人物、语言都带有浓厚的青春气息。由于青少年时期是人一生中自我认同的关键时间，并且在成长过程中遭遇社会文化氛围的巨变，"80 后"作家创作了大量表达自我认同过程中迷茫、痛苦、蜕变的作品，其青春叙事的自我认同主题十分突出。这也是"80 后"文学至今仍然遭受"'小我'、自恋与封闭"① 批判的原因。

　　然而，从自我认同的视野来观照"80 后"青春叙事，实际上有可能更好地阐释其文学特征及其形成原因，并发现其独特的文学价值。一方面，对自我认同书写的分析可以联结"80 后"文学的内外因素。自我认同理论把个体心理和社会文化紧密相连。而且本书以"青春叙事"代替"青春文学"概念，将关注叙事学中叙事话语层面，通过细读作品，分析人物、叙述者、隐含作者的心理特征。所以，自我认同视野下的青春叙事研究，将形成阐释的链条：社会文化—作者—隐含作者—叙述者。另一方面，本书的立足点仍是文学研究，力图发掘"80 后"青春叙事中自我书写的文学价值，而社会文化作者心理的分析有助于阐释和理解叙事作品的特征及其形成原因。

　　本书所运用的自我认同概念主要来自心理学，但为了文学研究的需要，吸取了多种自我认同理论中的含义，宽泛地包括自我同一性、自我的身份认同、文化认同等层面。

　　自我认同起源于哲学，后来成为心理分析学、社会心理学的重要概念和研究主题。哲学领域中的自我认同问题，一般称为自我同一性问题，是在本体论上追问"我是谁？""什么使我成为我？"在此哲学问题以及弗洛伊德理论的基础上，20 世纪美国最重要的精神分析理论家埃里克·H. 埃里克森发展出自我同一性的心理分析理论体系。他在《童年与社会》一书

---

① 胡哲：《"八〇后"文学的限度及走向》，《当代作家评论》2015 年第 1 期。

中提出了不同于弗洛伊德的人格发展渐成说，并提出和阐释了自我同一性、同一性危机等重要的概念。之后，他又在《同一性：青少年与危机》一书中，把人格的发展分成八个阶段，每个阶段都有相应的主要同一性问题，比如婴儿期的"信任对不信任"、儿童早期的"自主性对羞怯疑虑"、儿童期的"主动性对罪疚"、学龄期的"勤奋对自卑"、青年期的"同一性对同一性混乱"，等等。① 在精神分析领域中，弗洛伊德主要关注性能量的紧张和释放，基于性欲探讨人格发展，特别重视人的童年。与之相比，埃里克森主要关注心理的社会性发展，也就是个体在社会背景下的发展，特别提出青少年期的重要性。他认为分析和解决青少年的危机不能脱离社会环境，还需要尊重心理发展的规律，青少年同一性危机的解决需要一个合法延缓期。

埃里克森的自我认同理论十分具有启发性，影响了其后许多心理学家、社会学家，催生了纷纭复杂的多个领域、形态和角度的自我认同理论。美国文艺理论家乔纳森·卡勒指出同一性、自我和主体问题是当代理论的争论焦点之一，并把相关思想分成四条分支：第一种强调自我是内在的、与众不同的，先于行为；第二种强调自我或主体是被出身和社会赋予的，比如你是女人或男人、美国人或中国人；第三种强调自我的本质可以不断变化，因个体独特的行为而形成；第四种强调自我通过占据的种种社会身份、主体地位而形成，比如你努力成为一个企业家而不是工人。②

其实，这些不同观点和侧重点的理论共同勾勒出一个复杂的自我，它包含了主我和宾我，既有被动性也有能动性，既有相对稳定的内在属性也有容易变化的部分，等等。相应地，自我认同包含了自我的个性、同一性、能动作用的确证，以及自我的社会角色、群体身份、文化归属等方面的认同。

---

① 〔美〕埃里克·H. 埃里克森：《同一性：青少年与危机》，孙名之译，浙江教育出版社1998年版，第82页。

② 〔美〕乔纳森·卡勒：《文学理论入门》，李平译，译林出版社2013年版，第113页。

　　对于"80后"文学，现有的研究成果在文化背景、叙事主题和艺术特征等不同层面进行了分析，但缺乏贯通文学内外的系统性、整体性较强的研究。本书在自我认同理论视野下讨论"80后"青春叙事，立足于主题研究，但力图整合"80后"文学的内外因素，研究思路如下。

　　首先，本书开篇，通过考察"80后"成长及其创作的社会背景，分析时代文化的巨变与"80后"自我认同危机的发生和表现的关联性，探讨了"80后"青春叙事的形成、自我认同主题和艺术特征的总体倾向。

　　其次，本书主体部分，根据"80后"自我认同书写的不同层面，并兼顾青春叙事潮流的发展阶段，分章探讨了"80后"青春叙事几个重要的自我认同主题：在"叛逆"中的自我退却、面对伦理变迁时的自我重建、家族群体身份的追寻和城市化过程中的文化认同等。本书在阐述各个重要主题时，以表现突出的2—3位的代表作家的作品为例证，力求在探讨作家群体特征时不遮蔽每个代表性作家的艺术个性。

　　再次，本书最后章节，从总体上论述和反思"80后"青春叙事的价值和局限性。反思的目的不是否定"80后"作家对自我认同书写的意义和价值，而是从超越时代文化束缚、超越自我经验、文学主体精神等更高的标准来看待和期望"80后"文学及其走向。

第一章　后现代社会与"80后"青春叙事

如果不计"80后"作家不同的出生年份带来的细微的成长差异，比如首届"新概念作文大赛"一等奖获得者徐敏霞、韩寒分别出生于1981年、1982年，而第六届"新概念作文大赛"一等奖获得者七堇年、张怡微分别出生于1986年、1987年，一般而言，"80后"作家的童年在20世纪80年代和90年代初期度过，他们的青春期从90年代延绵至21世纪第一个十年。而他们的青春写作发端于1998年启动的"新概念作文大赛"，起初在图书出版市场掀起青春文学热潮，进而进入纯文学领域，最终成为21世纪重要的文学潮流。

"80后"的成长和异峰突起的写作潮流，都与中国社会的巨变紧密相关。从20世纪90年代中后期开始，随着市场经济体制的建立和对外开放程度的加大，中国逐渐进入后现代社会，开始融入跨国资本为组织形式的全球经济体系，并深受其文化逻辑的影响。詹明信运用"后现代主义"的概念来进行历史的分期和文化研究，把它作为时间的概念，对应新的文化形式或特点，"联系到一种新型的社会生活和新的经济秩序的出现——即往往委婉地称谓的现代化、后工业或消费社会、媒体或大观（spectacle）社会，或跨国资本主义"①。在笔者看来，中国社会进入后现代文化主导的

---

① ［美］詹明信：《晚期资本主义的文化逻辑：詹明信批评理论文选》，张旭东编，陈清侨等译，生活·读书·新知三联书店1997年版，第399页。

历史时期后，其中对于"80后"青春叙事的产生和发展具有重大影响作用的文化环境因素有两个方面：一是消费社会的形成，二是文化工业的兴盛。

在20世纪90年代，中国的工业化、市场经济发展到一定程度后，买方市场形成，消费开始引领经济发展，中国社会也逐渐进入物质、商品相对充裕、丰盛的阶段，出现消费社会的特征。消费社会的形成，不仅是经济领域的现象，实际上影响了社会物质和精神的整个面貌。城市开始减弱或褪去政治中心、工业中心的色彩，日益成为消费的中心，以北上广深为代表的特大城市是消费社会的顶端和象征。城市化突飞猛进，商品房成为社会消费的重要内容，拉动着经济的发展。在这一过程中，"80后"一代面临着自我的"城市化"问题，他们通过接受高等教育和就业，从农村、中小城市进入大城市，在消费社会的广告和媒体的符码控制下，人人接受成功的标准，心怀买房买车的愿景，认同自我奋斗之路。殊不知商品房已成为大城市中昂贵的奢侈品，年轻人与城市的冲突和认同纠缠于这一商品之上。消费社会更大的威力在于改变人心，"80后"一代的情爱心理、家庭伦理观在消费主义的冲击下都发生了巨大变化。他们本来在相对传统的80年代度过童年，曾经受到传统伦理的熏陶，然而，中国消费社会的到来，冲溃了传统道德伦理。正如鲍德里亚所指出的，在消费社会，人的身体也成为"最美的消费品"。性爱自由，而纯真爱情失落。同时，中国传统的家族亲情也被实利至上、交换原则侵蚀，人变成孤独的"原子个体"。"80后"一代在青春期经历如此巨大的社会变迁，于是发生了严重的自我认同危机，他们的青春期成为"漫长的青春"，他们难以完成自我认同，在真正意义上长大成人。

在世纪之交，中国文化工业的勃兴也是有目共睹，在港台、日韩、欧美流行文化涌入的同时，大陆自身的文化产业也取得了长足的进步。随着文化出版体制的改革和电子、互联网技术的发展，大陆的图书出版业、网络文学、影视、传媒和其他大众文化产业都培育出自己的繁荣市场，大众文化已占据中国当代文化的主流地位。某种意义上，"80后"出场也是搭上了文化产业发展的顺风车，在《萌芽》杂志主办的"新概念作文大赛"中获得一等奖，能够使他们拥有一定的知名度和从事写作的文化资本，随后图书出版业的跟风、大众媒体的追捧，都让他们获益匪浅。

当然，后现代社会生活只是中国社会的主导和方向，在广大的农村和中西部地区还留存着相对传统的社会生活方式。同时，国家政治意识形态依然强大，在社会生活中发挥着举足轻重的作用。在文学场中，"文革"后恢复的作协体制和在20世纪80年代形成的纯文学亚场，都在抵御着大众文化的影响和冲击。詹明信所总结的后现代文化的特征，如无深度感、模仿拼贴、表意锁链的断裂，在当代中国的流行文化、网络文化、新媒体上具有显著的表现，而纯文学场具有较强自主性，在审美和评价体系上坚持独立的趣味和标准，现实主义、现代主义美学仍占据主流地位，后现代主义并没有形成相应的影响力。"80后"作家在文学市场的成功，并不代表他们可以轻易地进入纯文学领域，许多"80后"作家通过创作的转型或调整，逐渐靠近纯文学，而有些后起的"80后"作家则从传统的纯文学期刊起步。但不可否认，后现代主导的多元文化环境，深刻地影响了"80后"青春叙事的形成、主题和价值。

第一节　文化工业与青春叙事

"80后"青春叙事潮流的形成主要取决于两方面的因素：一方面是文化工业的勃兴带来契机，20世纪90年代后期图书出版机构改革，开始走向市场，寻找商机谋生存，青春文学图书成为21世纪初图书出版业的一次成功的市场运作；另一方面是"80后"一代在青春期遭遇中国进入后现代社会的巨变，发生了自我认同危机，文学成为表达自我、宣泄心理焦虑的一种出口。

首先来看文化工业对"80 后"青春叙事的催生和引导。大部分"80后"作家，尤其是早期的"80 后"作家，他们的文学写作起步于《萌芽》杂志社主办的"新概念作文大赛"。20 世纪 90 年代后期，在文化体制改革大潮的冲击下，《萌芽》杂志社经过多次市场调查，决定从传统文学期刊转型为面向中学生读者的半文学半文化刊物，并在 1998 年年末启动"新概念作文大赛"，终于因大赛的成功举办而摆脱困境。在这一过程中，《萌芽》杂志社及"新概念作文大赛"一步步地引导了"80 后"写作潮流的形成。

"新概念作文大赛"的《征文启事》中提出的征文标准是"新思维、新表达、真体验"。"新思维"要求从创造性、发散型思维出发，打破旧观念、旧规范、僵化保守，这一标准实质上要求冲破原有政治文化的束缚，中学作文教育中的"思想积极向上"无疑属于"旧观念""僵化保守"，需要扫除。"新表达"标准提出"属于自己""充满个性"的表达方向，而反对套话、"千人一面、众口一词"，则要求突破教科书、作文腔的语言。"真体验"标准要求"真实、真切、真诚、真挚地关注、感受、体察生活"。这一标准尤其重要，从写作路径上引导青少年写作者关注自身，叙述他们的成长经历与青春期的体验。可以说，这三大标准全方位突破了原有中学作文的范式，鼓励青少年作者以自己的风格来表现青春期的生活体验。

之后，《萌芽》杂志社通过对获奖作品及相关的专家点评的选登、结集，进一步落实了大赛的三大标准，更加清晰地引导青少年创作的题材与风格。比如，第一届一等奖获得者刘嘉俊的作品《物理班》被选登，文后附录的作家叶欣的点评《我读〈物理班〉》，称赞其两点：一是"真实地展现了当代高中生的生活和思想情感"[1]，写出了高中生们面临着高考的压

---

① 叶欣：《我读〈物理班〉》，《萌芽》1999 年第 5 期。

力，还有朦朦胧胧的对异性的感情；二是有自己的语言，没有学校里的"作文腔"或者说"报上语"。

又如，第二届一等奖获得者刘莉娜的《风中密码》，以感伤的风格讲述"我"对高二年级生物老师的暗恋，更是受到铁凝、方方、曹文轩、王继志、童庆炳等作家、学者的激赏。其中铁凝的点评，对于这部作品的情感表达、"叙述与结构""景象与气质"等多个方面，运用诗意的语言进行了分析和赞美，当然，"难以言说""至真至善"① 等评语不无过誉之嫌。但不可否认，这些范文和热情洋溢的点评以鲜活的、极具感染力的方式吸引了更多的"80后"写作者以个性的语言表达青春期的体验。

因此，"新概念作文大赛"催生并引导了"80后"写作，使他们面向自身，大胆表达原有中学教育和政治意识形态压抑下的青春期躁动和迷茫。同时，这种特征鲜明的青少年写作似乎逐渐形成了一种"青年亚文化"潮流。研究者吴俊认为"新概念作文大赛"是从主流文学衍生而来的，但又显然与主流文学形成了一定距离，是一种自觉的青少年写作现象，"即具有鲜明的社会亚文化、亚文学的特征"②。

然而，这一亚文学、亚文化现象并非自然生成的，青春文学从其产生之初背后就有文化商业的运作。亚文化研究的重要学者、伯明翰学派的代表人物迪克·赫伯迪格，曾指出亚文化难逃被收编的命运，这一收编过程呈现商品与意识形态两种形式，其中，商品的形式指亚文化符号可以转化为大量生产、销售的商品。但不同于西方青年亚文化被收编的渐进过程，"80后"创作从一开始就被强大的商业运作裹挟着。他们的出场得益于《萌芽》面向市场转型的相关策略，他们的作品被青少年读者初步认可后，立刻被敏感的书商视为一个商业契机。《萌芽》杂志社因为成功地举办多届"新概念作文大赛"，提高了杂志发行量，又编辑出版了"获奖作品选"

---

① 韩寒等：《10年新概念："80后"的文字力量》，作家出版社2008年版，第83页。
② 吴俊：《文学史的视角：新媒介·亚文化·80后——兼以〈萌芽〉新概念作文的个案为例》，《文艺争鸣》2009年第9期。

"萌芽小说族"等书系。一些出版社和书商启动了更大规模的对于青春文学的商业运作，如春风文艺出版社连续推出郭敬明、张悦然、笛安、周嘉宁、落落等"80 后"作家，而且常常在短时间内出版某位作者的多部作品，进行一种集束式的传播和营销。另外，媒体在这场青春文学出版狂欢中也发挥了推波助澜的作用，比如，推出"80 后五虎将"、划分"80 后"偶像派与实力派、评选"十大 80 后写手"，等等。

可以说，文化工业推动了"80 后"作家的提前出场，使他们少年成名，但也对他们的创作发展产生了巨大的负面影响。一方面，造成了"80 后"的创作，尤其是早期的青春叙事，风格大于内容。当青春文学作品作为有利可图的商品时，作品的风格因素变得十分重要。"事实上，一种崭新的风格的创造与传播，无可避免地和生产、宣传与包装的过程紧密关联。"[1] 对于书商来说，作品的风格为图书的宣传、营造提供了便利。他们鼓励、召唤、设计"80 后"创作的风格，因为稳定的风格，既是一个鲜明的标识，也是品牌的保证，能够为青少年读者提供符合其审美期待的作品。而对于"80 后"作者来说，在经济利益与成名欲望的驱使下，他们在短时间内创作多部作品，此时风格是唯一可以把握的东西。由于生活经历的不足与深刻思想的缺乏，他们无法挖掘，也没有时间思考青春题材的丰富内涵，他们只能紧紧抓住青春期体验到的某种情绪，凭借语言能力和想象力营造、保持着与众不同的风格。

另一方面，造成"80 后"作家在题材上的限制，他们对自我的青春期经验特别重视。韩寒、郭敬明等早期"80 后"作家的成功无疑影响了后来者，不必说跟随他们的足迹参加"新概念作文大赛"的一些"80 后"写作者，当时远在法国留学的笛安创作的《姐姐的丛林》《告别天堂》等中长篇小说也充满了青春的气息。甚至，从传统期刊起步、涉足乡土题材的

---

① ［美］迪克·赫伯迪格：《亚文化：风格的意义》，陆道夫、胡疆锋译，北京大学出版社 2009 年版，第 117 页。

一些"80后"作家也在某种程度上受到青春叙事潮流的影响，比如甫跃辉在长篇小说《刻舟记》、郑小驴在长篇小说《西洲曲》中，运用大量篇幅讲述青春期的体验。

因此，文化工业既给予了"80后"作家表达自我的机会和空间，也使他们的创作在某些方面"先天不足"。对此，一些"80后"作家，如韩寒、郭敬明等人，对自己的少年成名和早期创作没有太多的反思，在创作上不思进取和创新，反而进一步配合，甚至利用文化工业的机制和逻辑，力求最大的市场收益。韩寒不断制造话题，又运用博客提高知名度，使自己的作品成为一本本畅销书。郭敬明组建了自己的文化公司，涉足期刊、图书出版行业。近年来，两人又先后跨界当导演拍摄青春电影，在比图书业更暴利的电影业中大捞一笔。但更多的"80后"作家保持了严肃的文学创作态度，对自己的成名和早期创作具有反思意识。正如张怡微所说，"我们自青春文学起步的写作者，虽然感念时代眷顾，但多少对过早地出版稚嫩之作感到愧赧。愧赧中又有警惕。"① 张悦然、周嘉宁、颜歌、张怡微等"80后"作家都反思了自己的"稚嫩之作"，积极地进行创作的转型和探索。

第二节　自我认同的危机与疗救

再看"80后"写作的内部动力，即他们在青春期发生了严重的自我认同危机，在创作心理上具有叙述自我、疗救自我的冲动。

如前所述，一般而言，"80后"一代在相对传统、单一的文化环境中度过了自己的童年，而在青春期遭遇了中国社会的巨变，进入后现代文化

---

① 张怡微：《递迁与狼藉（代序）》，《我自己的陌生人》，华东师范大学出版社 2014 年版。

主导下的多元文化环境，原有的精神、价值体系被颠覆了，于是发生了自我认同的危机。

美国心理学家埃里克森认为："年轻人为了体验整体性，必须在漫长的儿童期已变成的什么人与预期未来将成为什么人之间，必须在他设想自己要成为什么人与他认为别人把自己看成并希望变成什么人之间，感到有一种不断前进的连续性。"① 如果青年人不能获得自我的整体感和连续性，将会陷入同一性混乱的状态；只有获得一种相对坚定、稳定的自我同一性，并能够预期未来自己的社会角色，才能"告别青春"，步入成年。简单而言，"80后"作家体验到"在漫长的儿童期已变成的什么人"与"预期未来将成为什么人"之间所发生的断裂，他们的自我认同的危机，既有体验自我整体性和连续性的自我同一性问题，也包括寻找自我未来的社会角色的问题。

埃里克森还指出个人的自我认同危机与社会的危机紧密相连。"在讨论同一性时，我们不能把个人的生长和社会的变化分割开来，我们也不能把个人生命中的同一性危机和历史发展的现代危机分裂开来，因为这两方面是相互制约的，而且是真正彼此联系着的。"② 具体到"80后"而言，他们的自我认同危机及其相关的社会危机主要有以下几个方面。

其一，伦理的变迁造成"80后"心理的创伤。在 20 世纪 80 年代，中小学教育一方面以科学知识、现代化逻辑召唤现代个体，另一方面原有的政治色彩还比较浓厚，"80后"接受着"社会主义的接班人"的灌输，以刘胡兰、王二小、雷锋、赖宁为自我的镜像，崇尚牺牲自我、奉献自我的集体主义精神。比如春树在自叙传小说中把当时的自己称为"红孩子"。而在生活中，人们的爱情、婚姻和性的观念都相对保守，家族内部的联系比较紧密，家族伦理发挥着重要的作用，"情义"为先。到了 90 年代中后

---

① ［美］埃里克·H. 埃里克森：《同一性：青少年与危机》，孙名之译，浙江教育出版社 1998 年版，第 73 页。
② 同上书，第 10 页。

期，市场经济确立，消费主义、个人主义的伦理占据社会主流地位，似乎一切事物都成为商品，可以交换，可以用金钱衡量。"80后"在童年期内化的传统伦理和价值体系随之失效，他们在青春期不得不调整着自我的伦理认同。但童年期和青春期的自我之间无疑存在着断裂和冲突，他们自我同一性的完成也随之延长，甚至长期延宕。

其二，多元文化环境使"80后"在成长的关键期即青春期无所适从。在相对单一的文化环境中，个体的成长在心理上虽有一定的动荡，但还比较容易接受意识形态的召唤，完成自我认同。在90年代，中国社会的多元文化格局形成，市场经济产生的"新主流意识形态"与政治意识形态既有冲突，也有应和；文化全球化侵袭着民族文化、本土文化；城市文化日益遮蔽乡土文化，等等。"80后"在多元文化的环境中表面上拥有文化认同的选择权，其实更可能陷入迷茫的境地，无所适从。

其三，消费社会阻碍了"80后"成长为具有独立思想和行动能力的主体。在广告和媒体的信息轰炸中，现代个体丧失了思考和反省的能力，也丧失了行动的方向。一方面，在丰盛的商品面前，我们变成了"官能性的人"。"我们生活在物的时代，我是说，我们根据它们的节奏和不断替代的现实而生活着。"另一方面，在消费社会，人们在自己消费的商品中发现虚假的自我、寻找表面化的个性，仿佛只有拥有独特的日用品或奢侈品才能彰显不同的阶层和个性。法国社会学家鲍德里亚认为，整个西方传统塑造的具有主体精神的人，具有"坚实特征和特殊重量的绝对价值的'人'"，"这个人在我们这个功用宇宙中缺席了，死亡了，被删除了"①。虽然"80后"尚未彻底沦为鲍德里亚所描述的"官能性的人"必须有"被删除了"主体性的人，但他们在后现代城市生活中缺乏反思和行动也是不争的事实。

---

① ［法］让·鲍德里亚：《消费社会》，刘成富、全志刚译，南京大学出版社2014年版，第2、71页。

其四，计划生育政策使"80后"成为"独一代"，放大了他们遭遇后现代社会的心理危机，如孤独感。"80后"一代，尤其是居住在城市、父母有单位的"80后"，一般是独生子女，他们缺乏同胞兄弟姐妹的陪伴，孤独地成长。比如，文珍曾回忆童年和青少年时期在深圳的生活，她的父母是双职工，作为独生女，她习惯于自己做游戏，在城市中踽踽独行。

作为同代人中最"敏感"的个体，"80后"作家深刻地体验到这代人自我认同的危机，而他们的青春叙事则发挥了文学最原始的作用之一，即心理的疗救。因为自我认同的心理过程本身也是一种叙事，是把过去的自我与现在的自我、展望中的自我通过因果关系、时间关系统一起来，获取整体感和连续性。"80后"作家在青春叙事中讲述主人公的成长困境，实际上也在审视自我的心理危机，并获得了一定程度上的自我调整和疗救。比如春树在《北京娃娃》《长达半天的欢乐》等长篇小说中讲述北京城中"叛逆少女"的"残酷青春"，但也在散文集《抬头望见北斗星》、长篇小说《红孩子》等作品中不断回望自己在故乡的小乡村的童年生活，她觉得那是充满亲情和爱的环境。春树在小说中对照城市与乡村、童年与青春期的生活，实际上是试图寻找自我心理变化的轨迹，努力达成自我的同一性。

又如文珍在北京大学读"文学创作与研究方向"硕士时，得了失眠症而创作了小说《第八日》。她当时由于毕业的焦虑等原因，失眠的情况很严重，但在写完这部小说之后，她的失眠病症却消失了，不治而愈。"这样我就知道，原来写作于我而言，可以祛魅，可以驱魔，可以放下。"① 在这部小说中，从故乡小镇来到北京的顾采采，与都市生活格格不入，患上了严重的失眠症，最终崩溃。而通过讲述这样一个自我认同失败的故事，文珍却得到了心理上的疗救，治愈了失眠症。

---

① 文珍：《起来呵手封题处，偏到鸳鸯两字冰（后记）》，《十一味爱》，广西师范大学出版社2011年版。

颜歌也多次提到自己的写作对心理的安慰作用。早期她讲述了许多神话、历史中的少女的故事，"最终，把我所有的突然的忧郁都全部丢弃。我编的那些故事终于变成了我在这个世界上最深刻的安慰"①。当时的颜歌还在读中学，面临着高考压力，过着单调的学习生活，正是通过这些幻想性的青春叙事，她在心理上逃离自己出生的小镇和痛苦的高三生活。而后来，颜歌通过高考走出了故乡小镇，生活于大都市，却又创作了许多反映故乡小镇生活的"平乐镇"故事。她详细地描写过去生活的小镇，满含深情地怀念母亲和其他亲人、朋友，"因此，不管我人在哪里，我总是写过去的小镇，现在想起来是一种心理治疗"②。最终，颜歌发现自己真正认同的是地方文化、民间文化，而讲述过去的故事也成为她慰藉自我的"心理治疗"。

第三节　进行时、未完成态的青春叙事

综上所述，中国进入后现代社会对于"80后"作家具有双重作用，一是消费社会等后现代文化征候促使"80后"在青春期发生了严重的自我认同危机；二是，此时文化工业给予了他们宣泄和疗救的文学创作机遇。因此，在中国社会和时代文化巨变的背景下，"80后"这一文学创作主体得以诞生，而这一新生的创作主体的心理状态也决定了他们青春叙事的艺术特征，以及叙事主题的各个层面。

在叙事艺术特征方面，由于许多"80后"作家年少成名，他们进行青春叙事时仍处于青春期，或者刚刚走出青春期，相应地，在他们的作品

---

① 颜歌：《春天花会开（自序）》，《马尔马拉的璎朵》，中国工人出版社2003年版。
② 颜歌、丁杨：《颜歌：写"平乐镇"是种心理治疗》，《中华读书报》2015年9月30日第11版。

中，叙述者也是年轻的，不是经历沧桑、有所感悟后回忆青春的成年人或老年人。而且，在多元混杂的文化语境中，"80后"作家难以寻找到安身立命的文化形态和社会角色，即使生理上进入了成人早期，心理上还滞留在未完成自我认同的"漫长的青春期"之中。可以说，"80后"写作是一种进行时、未完成态的青春叙事。

其一，"80后"青春叙事不同于"儿童视角"。两者的区别不在于叙述者是青少年还是儿童，实际上，现代小说中的"儿童视角"可以涵盖十几岁少年的叙述。两者在叙事学的主要区别是，"80后"的青春叙事几乎处于进行时，青少年讲述和描摹青春期的故事和心理状态，而"儿童视角"是成年人的回忆性叙事，具有更加复杂的叙述视角的结构。研究者王黎君阐述了现代小说中儿童视角的"复调结构"，"于是，在儿童的叙事文本中，成年人对现实的评论性声音与姿态总是呈现在儿童的叙述中。即使不直接露面，读者也能感受到弥散在小说的叙述中的成人情绪"①。比如鲁迅的短篇小说《孔乙己》，通过"从十二岁起"在咸亨酒店当小伙计的叙述者"我"，讲述了孔乙己的悲剧故事，但从小说的议论、描写中分明可以感受到，隐含作者在冷峻地审视着这个包含小伙计在内的看客社会。又如萧红的《呼兰河传》，叙述者"我"更加混沌天真，表面上快乐地生活在呼兰河这个小城和自家的大花园里，但读者却可以感受到作者的忧伤和乡愁，同时前两章对小城环境和民风的描述，之后"我"讲述的各色人物的命运故事，又蕴含了启蒙主义的意义。另外，"儿童视角"小说更多地呈现外在于叙述者的世界和讲述他人的故事，而很少关注叙述者自身的变化。

与"儿童视角"叙述的内容和视角的"复调结构"不同，"80后"作家及时记录了青春期的心理"风暴"，尽管他们在叙事上可能比较幼稚，情节也显得零碎，但他们对自我认同心理的表现是真诚、真实的。在理想

---

① 王黎君：《中国现代文学中的儿童视角》，《文学评论》2005年第6期。

的情况下，青少年作者如有足够的体验、观察和语言表达能力，就可以细腻、深入地呈现青春期的心理经验，而这种心理呈现的视角、姿态和价值观可能是成年作家由于时间因素而无法在回忆性青春叙事中抵达的。因此，"80后"青春叙事具有成为独特的心理小说的潜质。

其二，"80后"青春叙事不同于"成长小说"。在欧洲启蒙主义时代，诞生了"成长小说"，又称"教育小说"。之后，歌德的长篇小说《威廉·迈斯特的学习年代》《威廉·迈斯特的漫游年代》成为"成长小说"的典范之作。《威廉·迈斯特的学习年代》中的主人公威廉到社会中历练，接触各个阶层的人们，经历了许多错误和迷途，但他不断地完善自己的人格，成为一个完整、和谐、符合人道主义思想的人。在《威廉·迈斯特的漫游年代》中，歌德虚构了一个乌托邦式的教育区，那里的每个学生都要学习符合自己天性的手艺，掌握知识，从事实际工作。歌德的教育理想是培养出既有自己个性、又能造福全人类的"新人"。之后，"成长小说"的内涵和外延有所扩展，但这类小说中的主人公形象都是动态的、发展的，随着情节的推动，他们不仅长大成人，而且人格、个性、思想变得成熟或出现较大的变化。

中国当代文学中也有许多具有"成长小说"特征的作品，比如王蒙在十九岁创作的《青春万岁》，讲述北京女七中一群高中女生的集体生活和个人的成长。一方面小说情节由激荡人心、令人向往的学生集体活动推动着，如西郊露营、"向科学进军"、元旦活动、五一和校庆活动、毕业活动等。另一方面小说也叙述了主要人物的成长历程，郑波、杨蔷云、李春等优秀学生先后克服了各自的成长困扰，而资本家的女儿苏宁、信教的呼玛丽也最终融入了这个朝气蓬勃的青年学生群体。她们尽管有出身、经历的不同，但心理活动主要是不断地回应政治主流意识形态的召唤，直到把它内化为自觉的政治意识，成为"进步青年"，完成"成长"。

所以，"成长小说"中的主人公需要一个明确的成长目标，主人公要么回应外部的意识形态的质询和召唤，要么认同某种文化中的理想人物，才能发生心理的认同和变化，成长为"新人"。

　　然而，"80后"作家在多元文化环境中，艰难地进行着自我、社会身份、文化归属的认同，他们的青春叙事更多地表现认同的痛苦，而不是认同完成的"成长"。当然，如果把"成长"宽泛地理解为思想和情感的某些变化，"80后"青春叙事作品也可以归属于"成长小说"，但以"成长小说"的概念来解读"80后"青春叙事，便会遮蔽其独特性，在文学研究中可能得不偿失。

第四节　"80后"青春叙事主题的嬗变

　　对于"80后"青春叙事的内容和主题，大多数研究者持批判性观点，比如指责"80后"作家对青春期的"自我"太沉溺，以及他们的未完成态的"成长"叙事造成了个人与历史的脱离，等等。比如，批评家杨庆祥认为"80后"存在"历史虚无主义"的倾向，他们不能把个体的生活和历史发展相关联，不能在历史的维度和观照下安排个人生活，而像参与汶川地震救灾这一历史事件又具有"暂时性"和不可持久性，"这一切导致了一种普遍的历史虚无主义"[1]。他通过分析郭敬明的小说《小时代》这一个案而判断："80后"已成为"沉溺的、观感的、后现代式的、轻的主体"，"在'八〇后'这里，历史之'重'被刻意'轻'化了"[2]。确实，"80后"作为"文革"后的一代，与前辈人相比，没有被嵌入整个国家的政治历史，随着政治运动发生个人命运的巨变。他们个体的内心痛苦与以往危及生命和尊严的"重"相比，也显得太"轻"了。

――――――――――

[1]　杨庆祥：《"八〇后"，怎么办？》，《东吴学术》2014年第1期。
[2]　同上。

一些"80后"作家也意识到这个问题，尝试着在创作中加入历史的维度和重量。比如，笛安、张悦然等人在小说中写到了四川地震，但这一事件最终只成为小说的背景或者一个影响故事发展的小情节。又如郑小驴在长篇小说《西洲曲》中把叙述者的青春期体验与一个有关计划生育的复仇故事结合在一起。他认为"计划生育"是"80后"成长过程中的集体记忆，"80后"作家有责任进行书写，但小说中"计划生育"国策在乡村基层被野蛮执行的历史与叙述者个体的成长仍然没有必然的、紧密的联系。

其实，不必纠结于"80后"青春叙事与宏大历史的脱离。张怡微在长篇小说《细民盛宴》中曾写道，她们在读初中时都背诵过《钢铁是怎样炼成的》中保尔·柯察金的"人最宝贵的东西是生命……"那段话，然而，"背诵的时候，我正在不尽愉快的家庭生活和校园生活中辛苦的煎熬。我不知道什么是人类的解放，我连自己的解放都实现不了"①。虽然，"80后"无法理解奉献自我"为人类的解放而斗争"的革命史、政治史，但他们面对伦理的变迁和后现代社会，也在"辛苦的煎熬"，寻找"自己的解放"，他们的青春叙事与当代最大的政治、历史问题也是密切关联的。因此，"80后"作家不可能完全跳出"自我"，延续前辈作家的宏大叙事，而从另一个角度来说，他们能够描画个体在时代文化巨变中的心灵图景，也是"人的文学"的新篇章，具有其独特的价值与意义。

总体来看，"80后"青春叙事的主题随着"80后"的成长和自我认同危机的不同阶段而嬗变。"80后"在青春期首先出现的自我认同危机，触发于学校教育与社会文化氛围的冲突之中，他们此时的青春叙事则主要表达校园生活中的叛逆和忧伤，以及叛逆之后自我的迷茫和退却。在20世纪90年代中国经济市场化转型、社会文化多元化发展、大众文化兴起的过程中，学校教育的旧有政治意识形态灌输、应试教育体制与社会文化氛围显得格格不入，弊病显露。于是，20世纪末社会舆论中出现了对于中国教育

---

① 张怡微：《细民盛宴》，《收获》（长篇专号）2015年春夏卷。

的大讨论和改革的呼声，"新概念作文大赛"及其后崭露头角的"80后"作家都是借助于这一社会舆论氛围而面世的。韩寒的杂文对于中学教育冷嘲热讽，而他在退学之后出版的长篇小说《三重门》，开启了"80后"反叛学校教育的叙事潮流。春树的《北京娃娃》《长达半天的欢乐》等带有"自叙传"色彩的长篇小说，讲述了"北京娃娃"退学后，变成追逐自由、蔑视世俗道德的朋克。孙睿的《草样年华》则写出了大学生与高校的"二十二条军规"纠缠的失望、无聊而不无颓废的四年大学校园生活。郭敬明的散文和小说的"反叛"色彩较淡，而主要描写校园生活的忧伤，在学习重压下，主人公常以绘画、音乐等艺术形式和友情来缓解。虽然文学表现青春期的"反叛"很常见，但"80后"青春叙事的"反叛"有其独特的内涵，即他们的"反叛"不是叛逆父母。传统文学主题中的反叛父母或者"弑父"，实际上包含了在"弑父"之后的悔恨与认同父亲，并实现自我的成长。早期"80后"青春叙事却是对思想、体制僵化的学校教育的反叛，一方面，他们在社会文化多元化的社会氛围中，由于受到流行文化、青年亚文化的影响而反叛学校教育；另一方面，他们在流行文化、青年亚文化等大众文化中并没有真正获得自我认同而成长，反而走向了自我的退却。比如，韩寒逃离社会角色的倾向，郭敬明的退回儿童期的心理表现，等等。

在"80后"实际的中学生活中，他们的爱情被学校和家长看作"早恋"，是被禁止的，而性爱几乎是堕落的代名词。一般而言，"80后"进入大学校园和逐渐走向社会后，才可以体验爱情和性爱。然而，随着市场经济的发展和消费主义的盛行，"80后"发现他们在童年时期甚至中学时代接受和幻想的纯真爱情不见了，人的身体和性爱在消费社会沦为了商品。张悦然和周嘉宁等作家在他们的青春叙事中着重表现了爱情和性爱在"80后"心理中的变化。张悦然早期的《葵花走失在1890》《十爱》等小说集和《樱桃之远》《水仙已乘鲤鱼去》等长篇小说刻画了一种奉献自我、牺牲自我的爱情，却在2008年之后发表的《好事近》《怪阿姨》《湖》等中短篇小说中出现显著的转向，常常描写爱情消逝后苍白的性爱。而从周嘉宁的小说创作历程中，也可以发现类似的心理变迁。她早期的《往南方岁月去》等小说作品表达了热烈的爱，而后来的《荒芜城》等小说却开始描写城市中人心、人情的"荒芜"。后现代社会的种种征候造成了传统伦理的丧失，消费社会中表面上是爱情的自由，实际上是性爱的商品化和泛滥，人的爱欲不是增加了，而是发生了衰败和狭窄化。张悦然、周嘉宁等人深刻地描摹了"80后"心理中爱欲本能的巨大变化，同时也尝试着探讨自我的重建。

"80后"通过高考进入大城市的高等院校，或者出国留学，造成的另一个变化是远离了家族生活。而他们对家族身份的认同也发生了变化，李傻傻等来自乡村的"80后"作家更多地批判家族文化，认同去除家族"情义"责任、经济独立的现代个体。与此相反，颜歌、笛安等人在体验了进入大城市或者留学国外的"原子式"个体的乡愁和孤独后，开始讲述和想象家族生活。笛安的"龙城三部曲"《西决》《东霓》和《南音》，讲述了北方城市"龙城"中郑家堂兄弟妹一起成长的故事。三部曲小说不仅塑造了鲜明的青年人形象，而且试图表现家族情义，在一定程度上反映了"80后"一代试图重温家族生活和认同自我的家族身份的倾向，在文学市场上也获得青年人的追捧。另外，张怡微的小说讲述自我在重组家庭中的身份认同，表现了一个从怨怼、伤感到宽容、理性的现代个体的成长过程，在当代社会也具有积极的意义。

随着"80后"逐渐走出大学校园，成为大城市的"新市民"，他们在年龄和生理上步入了"后青春"时期，但在自我认同的层面还有文化身份认同问题。"80后"这一自我认同危机是在21世纪中国城市化的推进、文化全球化的浪潮影响下形成的。20世纪末城镇化国家战略的确立和住房制度的改革，刺激了商品房这一消费品的需求，房地产业成为21世纪初中国经济发展的重要引擎。因此，21世纪的城市化不是建设工业型城市，而是作为消费中心的城市大发展，体现了中国步入后工业社会、消费社会的时代病症。随着城市化的发展,以物质主义、消费主义为主导的城市文化,全面压倒了乡村文化、民间文化,造成乡村及其文化的凋零。另外,基于互联网的新媒体的发展,给跨国资本在全球扩张带来了更大的便利,造成了文化全球化对民族文化、地方文化的来势汹汹的侵袭。而"80后"在童年期和青春期曾受到乡村文化、传统文化、民间文化、地方文化的浸染,当他们步入社会,努力融入后现代文化主导的大城市时,便不得不进行自我的文化身份认同。文珍等"80后"作家描写了大城市"新市民"的文化认同过程。起初,他们在职场和城市生活中迷失自我,甚至出现"病态";之后,他们可能迷失在物欲和性的游戏中;然而,逃离的冲动和梦想一直存在,但他们尝试逃离时,却因为"房贷"等可笑的现实问题不得不回归,他们最终发现自我已经离不开都市,宿命地认同了都市文化。颜歌代表了"80后"文化认同的另一种情况,他们在经历了大城市甚至国外的生活后,与后现代文化逆向而行,回归民间文化、地方文化,讲述起自己在故乡小镇的成长体验,表现小镇生活和文化。而甫跃辉是"80后"农家子弟进入大城市的心理典型,他一方面批判大城市的物质主义、爱情和婚姻的变质,另一方面也无法完全认同乡土文化,在回忆和表现乡村的传统家族生活和神秘世界的同时,持有现代的启蒙主义的精神。他们的文化身份的认同徘徊在城乡之间。

所以,"80后"青春叙事主题的嬗变是"80后"自我认同在不同阶段、不同层次上的延伸和深化。结合上文所阐述的"80后"青春叙事的特性,可以进一步来说,从单个作品来看"80后"作家的青春叙事,确实具有一种不同于"成长小说"的进行时、未完成态的叙事特征。然而,总体来看迄今为止的"80后"青春叙事潮流,可以发现"80后"作家对于自我认同的不断书写,已经描画出"80后"一代的心理变迁和成长过程。

本书将在下面的四个章节中,分别阐述"80后"青春叙事对自我认同主题不同层面的呈现。一方面是,这些不同层面的自我认同主题是"80后"作家在不同的成长阶段所思考和表现的。第一个阶段,他们主要描写中学时期发生的自我认同危机，心理调整的方式是自我的退却。第二个阶段，他们主要表现自己真正体验了爱情和性爱，却发现爱欲心理结构的变动，自我心理的调整也变得更加痛苦。第三个阶段，他们书写自己独立生活之后对家族身份的认同。第四个阶段，他们表现自己在深切感受到都市生活的心理痛苦之后，对文化身份的追寻和认同。虽然"80后"作家自我认同危机的发生和表现都与社会生活，尤其是后现代主导下的多元文化环境密切相关，但他们对自我认同的书写，也随着自我的成长而发生变化。早期（第一、二阶段）主要面向内在的自我，更多地表现心理的变动，后期（第三、四阶段）开始关注外在的社会文化形态，无论是家族身份的认同，还是文化身份的认同，除了情感的倾向性之外，也需要理性的思索和选择。

另一方面，"80后"作家在21世纪已不需要"个人化"写作口号，而拥有了"个人化"写作的文化氛围和相应的心理倾向。正如张悦然所说，"我没有呈现社会全景的野心。我会努力让自己小说的视野更宽广，但我不会放弃个人化的表达"①。实际上，许多"80后"作家的创作都表现出突出的个人特点。由于"80后"作家之间存在着这种显著的差异性，如果每个章节都进行总体性的论述，将变得空泛和空洞。因此，为了最大限度地真实呈现"80后"作家的创作面貌，本书对"80后"自我认同叙事主题的不同阶段进行分章阐述，同时在每一个阶段都分别选择主题倾向十分突出的几位代表性作家进行论述，既凸显"80后"作家群体特征，也不遮蔽他们创作的个人特色。

①　张悦然、霍艳：《"80后"的文学对话——霍艳访谈张悦然》，《中国图书评论》2013年第7期。

第二章　学校"围城"与自我退却的反叛

　　韩寒、郭敬明、张悦然、春树、孙睿等人是第一拨成名的"80后"写作者，他们的青春叙事大多属于校园文学，但已经与90年代的《花季·雨季》那种符合学校教育主流思想的校园文学大相径庭，基本上属于青春叛逆的叙事。因此，"反叛"是贴在"80后"作家身上的最早的标签，其中的刻板印象和偏见集中于写作者的青少年身份，"80后"写作的"反叛"主题也被简单地视为青春期的躁动，或者被看作一种青年亚文学、亚文化"景观"。这种过于"成人化"的文学、文化态度和视角，除了显示出对"80后"一代人自我认同危机的艰巨性与痛苦的漠视，也说明对"80后"写作产生的时代文化的反思意识的缺乏，进而不利于对"80后"写作的"反叛"主题形成客观认识和评价。实际上，早期"80后"作家的青春叙事不再是简单的青春期心理波动，也不是文学传统中表现新一代人成长心理的"弑父"主题。他们在青春期的心理"风暴"，与20世纪90年代多元文化环境下的中国教育体制、教育模式以及相应的校园生活形态密切相关。

第一节　学校教育大讨论的参与

　　20 世纪 90 年代，中国的多元文化格局逐渐形成，固有的政治意识形态依然强大，经济上的市场化、全球化带来了消费主义文化大潮，而知识分子力图发扬"人文精神"、启蒙主义或者文化保守主义与前两者抗衡。多元文化格局相对于一体化的政治文化固然是一种进步，但也造成了道德、精神、价值的混乱，远未达到民族精神重建的理想状态。在道德、精神、价值混乱的文化环境下，本已获得相对稳定的自我同一性的成年人尚且可能变得心理失衡，无所适从，正处于青春期的"80 后"一代则不可避免地遭遇了自我认同危机。

　　具体而言，多元文化的混乱与冲突所造成的学校教育危机，则是"80 后"一代发生自我认同危机的直接的社会背景。表面上，新时期中国教育事业不断壮大，入学率大幅提高，"80 后"一代普遍接受了学校教育，但学校教育中的弊端逐渐显露。进入 90 年代，社会上对学校教育的质疑声越来越大，尤其是"语文教育"问题。1997 年 11 月，《北京文学》抓住时机推出三篇文章，其中《女儿的作业》是作家、编剧邹静之作为学生家长倾吐心中的愤懑；《中学语文教学手记》是曾经的语文代课老师王丽表达教学中的矛盾心理；而《文学教育的悲剧》是大学中文系教师薛毅的演讲实录，他抨击现有的刻板、教条的文学教育，呼唤"人道主义"文学教育。《北京文学》的这三篇文章从不同角度"忧思中国语文教育"，对当时学校教育的考试制度、教材内容、教学方式、教学效果等方面进行了系统的抨击和反思，引起了很大的社会反响。其后，《中国青年报》等报刊予以转载，并刊发进一步讨论的文章，中央电视台也播放了相关主题的谈话节目。在全社会强烈的舆论声中，教育部终于在世纪末启动了以语文教育为重点的教育改革。

重新考察这些讨论可以看出，90年代中国学校教育的危机主要集中在两个方面。一方面，学校教育中政治教化色彩浓厚，人文、审美教育缺乏。阿尔都塞认为，"经过同旧的、占统治地位的意识形态国家机器进行激烈的政治的、意识形态的阶级斗争之后，在成熟的资本主义社会形态中占据统治地位的意识形态国家机器，是教育的意识形态机器"①。中华人民共和国成立，中国共产党既夺取了国家机器和政治的意识形态国家机器，也必然会改造教育的意识形态国家机器，在学校教育中逐渐驱除资产阶级的意识形态，灌输社会主义的政治意识形态。王蒙的长篇小说《青春万岁》反映出50年代新生的共和国所激发的政治意识形态与高中女学生的积极向上精神十分契合，相得益彰。然而，经过数次"左"倾的政治运动，学校教育中政治意识形态的灌输在日益强化的同时也逐渐僵化。到了90年代，学校教育中仍充斥着浓厚、生硬、机械的政治教化。王丽在《中学语文教学手记》中说"教材的陈旧、落后"，语文课本中的篇目选择大多是"思想政治教育的角度"，比如《雨中登泰山》《长江三日》《为了六十一个阶级弟兄》等，"真令人有'不知有汉，无论魏晋'之感"②。薛毅在《文学教育的悲剧》的演讲中总结道，"因为意识形态认为可以通过文学来教育人，所以我们的文学教育不是文学的教育，而是以文学为手段的教育"③。可见，在90年代后期，新时期形成的文学、文化上的启蒙主义、人道主义思想成果和纯文学的审美观念依然没有尽快地、有效地进入学校教材和教学内容中。语文教育的讨论也可视为90年代初"人文精神"的文化讨论在教育界的回响，不过区别在于"人文精神"的讨论主要针对商业化对文学的危害，而语文教育的讨论依然在反抗滞后的政治意识形态的束缚。

---

① ［法］阿尔都塞：《哲学与政治》（下），陈越编译，吉林人民出版社2011年版，第288页。
② 王丽：《中学语文教学手记》，《北京文学》1997年第11期。
③ 薛毅：《文学教育的悲哀——一次演讲》，《北京文学》1997年第11期。

　　另一方面，高考制度下的"应试教育"模式也越发僵硬，题海战术和千奇百怪的考题成为常态。邹静之的《女儿的作业》中写道，"每临考试"，女儿的作业"大多是做卷子"，卷子很长，"像一条长长的哈达"，做完一条又一条，直至深夜。而且无论语文还是数学，题目要求都很机械、烦琐。邹静之愤懑地抨击这种教育方式把聪明、灵动、想象丰富的小孩子们"当成白痴来教"，怀疑这种教育的目的似乎就是要束缚他们，"好像就是非要压制住他们的活跃"①。在《中学语文教学手记》中，作为教师的王丽也觉得许多课后思考题、作文题荒唐可笑，但为了学生能够应付考试，也不得不遵从"教参"上的标准答案来讲。"应试教育"模式已经走入死胡同，极大地束缚学生的自由思考，削弱他们的创造能力，甚至达到危害身心健康的程度了。

　　借助当时以"语文教育"为重要内容的学校教育大讨论，从1999年起，《萌芽》杂志社联合多家名牌大学成功举办了"新概念作文大赛"。在1998年《萌芽》杂志先推出"教育怎么办"栏目进行预热，次年1月正式发布《"新概念作文大赛"倡议书》和《"新概念作文大赛"征文启事》。《倡议书》中明确说道："'新概念作文大赛'正是在这样的背景下应运而生。它的出发点就是探索一条还语文教学以应有的人文性和审美性之路。"② 通过《萌芽》杂志和"新概念作文大赛"，"80后"写作群体浮出历史地表，韩寒、郭敬明、张悦然等人从获奖者中脱颖而出，连续出版文学作品。即使并非出自"新概念"的春树、孙睿等人，也离不开"新概念"营造的青春叙事氛围，他们的创作在校园题材和反叛主题等方面也与前者具有相似的特征。因此，从某种意义上说，早期"80后"写作者也是这次学校教育、语文教育大讨论的参与者。

　　但不同于教师、家长、专家等视角的讨论，"80后"写作者从学生的

---

① 邹静之：《女儿的作业》，《北京文学》1997年第11期。

② 《"新概念作文大赛"倡议书》，《萌芽》1999年第1期。

角度，根据自己的亲身感受写出了 90 年代学校教育的弊端和危机，刻画了自己曾经深陷其中而倍感痛苦的学校"围城"。

首先，严苛的校纪校规。韩寒的《三重门》写主人公林雨翔进入市南三中学习后，宿舍熄灯前广播里钱校长把宿舍规定念了一遍，"寝室条例"由无数个"不准"训诫组成。"雨翔略略一算，除了'不准杀人'外，其他的都说到了。"① "寝室条例"不仅烦冗、严苛，且被严格地执行了。后来，林雨翔误以为失恋，在街头游荡了一夜，被钱校长如同福尔摩斯一样，抓住蛛丝马迹查了出来，他面临着学校处分。《北京娃娃》中的春树进入高中后，学校给每个新生发了一本二十四页的校规小册子，开学一个月的晨检、午检都是集中学习校规的时间。校规中许多限制学生活动范围和行为方式的严苛的条例，比如，不能进入其他班级的教室，甚至"禁止外校学生在校外等候学生，一经发现，处理本校被找学生（课间活动常规第十一条）……"② 中学生从学习到生活都被校纪校规束缚得死死的，大学生其实也不轻松。孙睿的《草样年华》讲述了主人公邱飞的大学生活。邱飞对上课毫无兴趣，跟着同宿舍的好友杨阳学吉他。他的想法是"学习成绩能证明什么呢，什么也证明不了"③，学习成绩只是接受、顺从"现行教育制度"压迫和同化的参数。但学校有规定，挂科太多就定为"试读"，"试读"两次就会开除。这条规定像达摩克利斯之剑一样悬在他们头顶上，邱飞和杨阳为了不"试读"无所不用其极。因为补考很容易通过，他们以拉肚子的理由申请过缓考，杨阳甚至谎称姥爷去世申请缓考，后来他们从老师的儿子那里买过试题和答案，出钱请同学赵超凡替他们补考，等等。

其次，不能为人师表的教师。《三重门》《草样年华》《北京娃娃》《红×》等早期青春叙事作品中几乎没有正面的教师形象。《三重门》中的教师要么不学无术、不懂装懂，像马德保、庄老师，要么玩弄权术、心

---

① 韩寒：《三重门》，作家出版社 2000 年版，第 223 页。
② 春树：《北京娃娃》，远方出版社 2002 年版，第 41 页。
③ 孙睿：《草样年华》，远方出版社 2004 年版，第 90 页。

机，像钱校长、胡教导。小说中提到的唯一的"好老师"是 Susan 怀念的一位语文教师，她教导学生不要满足考试之内的知识，给学生讲高晓松的校园民谣、惠特曼的诗、小林多喜二的小说等，结果因为她们班语文考试成绩排在全年级最后一名，这位女教师被调走了。《草样年华》也写到一些品行不端或者教学不认真的教师，其中一位三十多岁的男教师，在读博士，未婚青年，色眯眯的眼睛里充满对异性的渴望，他在补考中只给女学生高分，甚至有几位名字颇为女性化的男生也受到青睐，顺利通过。而一位青年女教师只会照本宣科，邱飞开始不知情，认真记录了一回笔记，经同学提醒，他对照课本后发觉上当，后来全班同学都意识到这位女教师只是复制课本，便再也没人听讲了。春树在《红孩子》中描写了老师在情感上对学生的冷漠。林嘉芙的初中班主任纪老师经常批评和惩罚她，有一次林嘉芙情绪失控，紧紧地抱住她。"我有许多话想说，激情和委屈令我不由得哽咽起来，第一次和她挨这么近，我才发现她也是个有血有肉的人。"[1] 但纪老师僵住了，半天才反应过来，旋即大声地怒斥她。"她毫不为所动，拉开了我的胳膊，想看个怪物一样看着我。我不由自主地后退了几步，眼里还滚动着刚才的泪花，像个小丑一样，简直是场十足的笑剧。"[2] 这一幕令人心酸，本应教书育人的老师竟然拒绝与学生进行一次情感交流。

最后，实用主义、职业化的课程。90 年代盲目追求经济发展以及急功近利的社会氛围无疑影响了学校教育。中学本来是基础教育，各种科目应该平等的，才有利于学生的全面发展，但中学教育中普遍存在着"重理轻文"的倾向。"学好数理化，走遍天下都不怕！"曾是流传甚广的口号。"80 后"的许多作品中出现过这样的情节：优秀学生选择文科时感受到一定的压力，同学们惊讶，而班主任常会劝阻。大学教育则完全是职业化教

---

① 春树:《红孩子》，二十一世纪出版社 2007 年版，第 152 页。
② 同上书，第 153 页。

育，根本不涉及人文素质的培养。《草样年华》中的邱飞曾经这样自省："并非我不热爱学习，导致我郁闷的是所学的专业，它竟是如此无聊，我万万没有想到自己会在大学里学习这些知识。""我感觉不到生活的意义，站在巨大的机器前，我感到人类正在放弃许多权力，把自己渐渐推入一个冰冷的世界。"①《北京娃娃》中春树读的是职高，职业化教育更是"理所当然"，除了设置语文、数学、英语、政治等基础课，便是各种技能课。无论是中学，还是大学，学校教育已基本沦为实用主义的职业化教育。

当然，还有高考的压力以及相应的繁重学习。郭敬明作品中浓重的忧伤情绪最早就来源于此。他的作品集《爱与痛的边缘》中的一些散文，如《七天里的左右手》《寒武纪》《围城记事》《我上高二了》等，记录了从高二开始的痛苦的学习生活。此时高考压力开始增大，"所有的一切排成排，高考排在第一个，友情爱情七情八情统统排后面。老师说这天经地义，父母说这理所当然，我们说那好吧好吧。……至于指缝中溜走的是什么没人去想也没人敢想。心里悬得慌"②。而题海式学习让人麻木，"试卷好像一夜之间变多了，如雪花一样一片一片在教室飞舞。开始还有人问哪儿来那么多试卷啊，后来也没人问了，习惯性地抓过来就做"③。显然，这种高中生活给郭敬明留下了深刻的印象。他后来的长篇小说《1995—2005夏至未至》中，主人公们的整个高二、高三的生活同样乏善可陈，远没有高一时的鲜活与丰富，人物之间的交往变得很少，似乎只有无始无终的埋头苦读和做题。

作为普遍接受学校教育的"文革"后一代人，"80后"作家甫一出场便都极力表现自己在学校"围城"中的痛苦挣扎，这是令人深思的。不仅如此，90年代学校教育的危机直接引发了"80后"一代人在青春期的自我认同危机，同时也影响到"80后"作家的创作心理和叙事特征。

---

① 孙睿：《草样年华》，远方出版社2004年版，第150页。
② 郭敬明：《爱与痛的边缘》，东方出版中心2003年版，第39页。
③ 同上。

第二节　自我退却的反叛

　　青春期个体需要了解自己是谁，自己将要从事什么，即开始探索自己的社会角色，才能逐渐完成自我认同。埃里克森把青春期称为"合法延缓期（moratorium）"，一是"用来整合在此之前的儿童期的同一性各成分"①，二是开始面对比儿童期更大的环境——社会。然而，中国的"应试教育"却造成许多青少年，尤其是所谓"差生"，很容易发生自我同一性的混乱。"还有一种或许是最普遍的危险，即儿童在长期的学校生活中，从来没有获得过工作的快乐或者至少因某件成功的事情而感到过自豪。"②他们难以形成勤奋感和自豪感，不能很好地把心理的能量运用到知识和智力的掌握上。更大的危险来自于90年代多元文化造成的学校教育的分裂和矛盾。一方面，原有的政治意识形态仍在塑造"社会主义新人"，用雷锋、赖宁、焦裕禄、刘胡兰等镜像力图把个体召唤为完全奉献自我的政治化主体。另一方面，市场经济的发展和消费主义的盛行已经在社会上形成"个人奋斗发家"的新主流意识形态，学校教育也出现实用主义、职业化倾向。"作为同一性指导者的社会制度，乃是我们称之为意识形态的东西。"③当意识形态本身暂时无法成功整合和发挥合法化的召唤功能时，个人的同一性发生混乱便不足为奇了。因此，面临这样的学校教育和社会危机，"80后"的自我认同发展出现了种种征候，同时，他们也以各种方式进行反叛。

---

　　①　［美］埃里克·H. 埃里克森：《同一性：青少年与危机》，孙名之译，浙江教育出版社1998年版，第114页。
　　②　同上书，第111页。
　　③　同上书，第119页。

一　韩寒：逃离角色

韩寒是最早引起热议和广泛关注的"80 后"写作者，在当时的学校教育大讨论中，他作为"偏科"的"专才"成为重要话题。韩寒在 1999 年获得首届"新概念作文大赛"C 组一等奖，同年却因为七科不及格而留级高一。他积极地发表文章批判中学教育，比如《穿着棉袄洗澡》中说，所谓"全才"是应试教育的胜利，却是时代的不幸，"时代需要的只是人才"①。韩寒觉得学习理科对他而言已经没有意义，他这样的"偏才"也是时代需要的"人才"。为此，韩寒创作小说长篇小说《三重门》在很大程度上是为了证明自己。这部作品深受钱锺书《围城》的影响，把中学看作"围城"，小说的叙事线索是主人公林雨翔从初中升入市重点高中，结果却是进入了一个更痛苦的"围城"。林雨翔从小受到父亲粗浅的文学教育，在初中时被语文老师马德保赏识，进入文学社，获得全国作文大赛一等奖。他在周庄郊游时遇见、爱慕上同学 Susan，她勉励他在市重点相见。林雨翔各科成绩并不好，中考失利，但母亲通过拉关系以体育特长生资格把他送入市重点市南三中。令他意料不到的是，成绩一向很好的 Susan 却故意丢分考入县重点高中，两人阴差阳错没有同校。进入市南三中后，林雨翔不断遭受各种打击，在寝室、文学社以及体育训练、课堂学习时都与同学或老师相处不快。他还误以为 Susan 移情别恋，在夜间游荡街头而违反校规，将被学校处分。《三重门》写出了一个"差生"或者说"偏科生"在学校中的艰难处境和内心挣扎。小说最后，林雨翔萌发了逃离的想法，但却不知走向哪里。

现实中，《三重门》的成功让韩寒选择辍学，逃离了学校教育设定的方向，成为一名自由写作者。之后，他又出版了《像少年啦飞驰》《长安乱》《光荣日》等多部长篇小说，除了《长安乱》外，这些作品都是现实

---

① 韩寒：《零下一度》，上海人民出版社 2000 年版，第 81—82 页。

题材。然而，《三重门》隐含着韩寒自我认同过程中某些被人忽视的内容，持续地影响着他的创作。

首先是社会边缘人的视角，及其对学校教育和社会现实的批判。《三重门》只是"逃离"的开端，在其后的青春叙事中，韩寒塑造了一系列逃离社会角色的人物，从社会边缘人的视角表现和批评社会。长篇小说《像少年啦飞驰》中叙事者和主要人物"我"，从学校教育中一直没有找到自我，走上社会后变得十分茫然。这部小说延续了《三重门》对学校教育的批判，而且从小学到大学全盘否定，认为学校教育扼杀个性、理想和天赋。但小说的叙述十分凌乱、片段化，多个时段的故事交错着。在小学、初中时，"我"和铁牛混在一起，观看和模仿《圣斗士星矢》等动画片，后来加入黑龙帮。期间，铁牛追过陈小露，我和陈小露约会看电影，但她很快被铁牛"借"走了。"我"的高中生活也乏善可陈，记忆中只留下了周伦参加歌唱比赛的滑稽场面。后来，"我"就读于外地的师范大学。那时，"我"和同学老夏喜欢上汽车，"我"还参加过辩论赛，得以去了一趟香港。老夏和女同学徐小芹阴差阳错地谈上了恋爱，但徐小芹最终抛弃他，去了新加坡。老夏失恋后，买了一辆摩托车，跟人飙车时撞到了路人，被学校开除。大学毕业后，"我"更加迷茫，先是跟着老枪当盗版书写手。后来，"我"和老枪、汤姆·磕螺蛳在北京一起写电视剧本。电视剧成功后，"我"用挣来的钱和朋友开了一个改车的铺子，不久铺子倒了，又重新写剧本。小说最后，"我"总结道，"我所寻找的从没有出现过"①。从这些凌乱的情节片段中可以看出，小说的主题还是比较明确的。叙述者"我"以及其他主要人物，从学校教育中没有获得任何思想或信仰，也没有获得在社会上立足的知识和本领，甚至，他们从始至终都不知道自己要追寻什么。可以说，小说叙述者"我"一直感受着自我同一性的混乱，不能认同任何社会角色。

---

① 韩寒：《像少年啦飞驰》，作家出版社2002年版，第225页。

在其后的两部长篇小说《光荣日》和《一座城池》中，韩寒继续批判学校教育，讲述主人公们的逃离和反叛，但在艺术上超越了写实，运用荒诞和象征等手法。《光荣日》讲述了大学毕业生大麦和他的几个同学选择"逃离"常规生活，到孔雀镇小学支教。"到了毕业分配的时候，这些人主动放弃了分配，跟随大麦来到了孔雀镇。"① 后来又加入了精神有问题的流浪歌手哈蕾、从良妓女麦片、只会数年轮的研究员老人刘小力。他们在学校里无人管束，任意施教。大麦当班主任；娄梯组装手枪当劳技课，制作炸药当化学课；麦片讲生理卫生和政治课；刘小力养的一条只剩两条腿的狗成了体育老师。然而，小说描绘的这一脱离了政府教育机构管理的"世外桃源"式小学太过离谱，并且这些主要人物的教学方式和教学内容也并不高明，难以在对照中批判现实中的学校教育。小说最后，娄梯测试他制作的炸药，把大山都炸崩塌了，学校的校舍被震动和落石严重损坏；"狗老师"的一条腿被石头压坏了，只剩下最后一条腿；而哈蕾不见了。"而绚丽的残杀还没有开始，唯一正常的人却已经不知生死。"② 这样的结尾不知所云，也许韩寒打算继续写下去，曾声明这是小说的"第一季"，但再也没有下文。这部"烂尾"的《光荣日》号称"韩寒首部魔幻现实主义作品"，而他的下一部长篇小说《一座城池》则打上了卡夫卡《城堡》的印记。可惜，《一座城池》这部小说在叙事主题和艺术上同样失败。小说讲述了两个肆业大学生——"我"与健叔——在上海"犯案"而潜逃到某个城市的故事。小说叙事十分松散零碎，主要情节有："我"和健叔先住长江旅馆，后租住大荣公寓；他们结识了工业大学的学生王超、阿雄，后来与阿雄联合办网站挣钱但不成功；期间，他们各自的恋爱也都走向失败；"我"还碰到了三次失火事件。在这些社会边缘人身上发生的事情显得荒诞不经，从中也看不出多少寓意。而且，叙述者的议论很多，但多为

---

① 韩寒：《光荣日》，二十一世纪出版社 2007 年版，第 15 页。
② 同上书，第 186 页。

空泛夸张的讽刺或俏皮话，实属耍小聪明。也许，作者力图把《一座城池》写成卡夫卡《城堡》那样的寓言性作品，但大量的现实性小讽刺消解了象征性。

韩寒在《他的国》和《1988：我想和这个世界谈谈》这两部长篇小说中，停止了对学校教育的批判，增强了社会批判的力度，但社会边缘人的视角并没有改变。《他的国》中的主人公左小龙是上海郊区亭林镇的一个边缘人，作为小镇上荒废的雕塑园看守人之一，他游手好闲，无所事事，最喜欢骑着摩托车绕着小镇转悠。他也想"做大事"，曾经要组建"亭林镇合唱团"，但只召集到另一个看守人大帅和一个哑巴小孩，最后只能在小镇活动中当观众。他喜欢"交际花"黄莹，但黄莹爱上了商人路金波。女学生泥巴一直暗恋他，却在她的父亲（镇党委书记）死后离开了亭林镇。这部小说通过左小龙的视角，主要批判了亭林镇的官僚们。他们好大喜功，不顾环境污染，盲目引入路金波的印刷厂，结果水污染造成了许多动物基因突变，长得硕大无比。小说最后，左小龙打算骑摩托从 318 国道到西藏，却遭遇了扣车和跳楼事件。伤愈之后，他再次出发，亭林镇最后一个变异的"大动物"萤火虫伴随他前行，"你能发光，你应该飞在我的前面"①。这个边缘人和小人物在事业和爱情都失败之后，毅然决定离开，这是小说中最富有意味的情节，赋予小人物"逃离"现实生活的悲壮之气。

在此基础上，韩寒进一步把"逃离"作为人生救赎，写出了一部"公路小说"《1988：我想和这个世界谈谈》。这部小说的主人公和叙述者陆子野开着 1988 年产的旅行车，走上 318 国道横穿中国，遇到一位怀孕的妓女娜娜，两人结伴而行。其中警察查房、城管冒充警察、性病医院有后台等情节，把现实中不合理的事情夸大到荒诞的地步。在这一叙事主线的间隙，叙述者常常回忆或者以给娜娜讲故事的方式，叙述了自己的成长过程

---

① 韩寒：《他的国》，万卷出版公司 2009 年版，第 223 页。

及亲历的各种社会丑陋事件。他在童年时崇拜丁丁哥哥，丁丁哥哥后来坐火车离开家乡闯荡世界，却早早离世。陆子野只好跟同龄的小伙伴 10 号等人打玻璃弹珠，模仿圣斗士，听小虎队，并喜欢上了同学刘茵茵。高中时他鼓起勇气追求刘茵茵，但到外地上大学后中断了关系。后来，留在故乡的 10 号成了黑社会头头，他在追求刘茵茵的过程中出车祸，两人同时身亡。在童年、少年时期，陆子野还接触到中国户籍制度、严打事件等种种社会不公平现象。而大学毕业后，陆子野当了记者，目睹新闻界的种种内幕，又因为与演员孟孟谈恋爱，了解到影视圈的丑陋。孟孟后来被"潜规则"之后，也没有成为明星，两人分手了。陆子野一直珍藏着孟孟的照片，谁知娜娜看了照片之后告诉他，孟孟就是目前全国闻名的妓女孟欣童。小说叙述者对世界、生活、人生是悲观的，失望的，对自身的失败也采取反讽的态度。然而，小说最后出现了一缕亮色，在娜娜查明自己得了艾滋病后，陆子野接受了她托付的女儿，再次出发。作者最终给陆子野这个"逃离"的边缘人涂抹上了悲壮色彩，他勇敢地承担了并非属于自己的责任，表现出"道义"精神。同时，美学风格上的转变和悲喜杂糅的结局，也让这部小说成为韩寒作品中相对成功的一部。

但在叙事艺术上，《1988：我想和这个世界谈谈》这部小说依然存在韩寒作品常见的问题，即叙述者过多地议论。这些带有调侃、幽默、讽刺色彩的议论，常常脱离小说故事情节，而且作者实际上并没有什么深刻的思想可以传达。小说中关于嫖娼的情节中，"包夜"就是"包日"的调侃语句，其实等而下之、不无猥琐。小说中还穿插了两个游离于故事之外的小寓言，一是"脚扎在流沙中"，"我"生活在流沙中，有一天发现自己不是植物而是动物，"我"离开时，流沙说，"你走吧，别告诉别的植物其实他们是动物"。① 二是"温水煮青蛙"实验，陆子野认为青蛙会在水温上升到难以忍受后跳出来，而女孩孟孟却不这么想。他们为此做了一个实验，

---

① 韩寒：《1988：我想和这个世界谈谈》，国际文化出版公司 2010 年版，第 25 页。

结果当水温升高，青蛙准备跳出锅时，孟孟却用盖子盖住了锅，并且开到最大火。"孟孟一手用力按住，一边转身直勾勾看着我，说，这才是现实。"① 其实，这两个小寓言与小说主要情节并没有密切的联系，而且第一个寓言曾被发布在韩寒的新浪博客上。这说明，韩寒在小说中，似乎一直想对现实政治发言，却因为深刻思想的缺乏以及现实因素而闪烁其词，然而，这些议论和小寓言的穿插，很明显地破坏了小说叙事的连续性。

关于韩寒小说的这一形式特征，有研究者认为它像是一种特殊的"杂文小说"，"韩寒的文学世界中，主人公只能到处游荡，不断地和世界的碎片相遇，并且对这一切予以讥讽"②。还有研究者称为"媒体式写作"，"在《1988》这本小说中，媒体式的写作代替了文学的写作，媒体式的嘲讽取代了文学式的戏谑。"③ 这些批评都切中了韩寒小说的现实讽刺性造成情节零散化的弊病。

至于进一步认为，"他缺乏现代作者最基本的一个向度，那就是他缺乏真正的自我意识"，"他怀疑和嘲讽一切，但是却从来不怀疑和嘲讽自己"④。这样的彻底否定则有些偏颇，韩寒在小说中一直运用社会边缘人的叙事视角，反映出他的自我认同中有自认为失败者的一面，且小说中作为社会边缘人的叙事者，在叙述和议论中也分明带着自嘲的成分，可见韩寒并非"从来不怀疑和嘲讽自己"。总体来看，韩寒小说中的社会边缘人形象及其逃离社会角色的反叛，具有一定的社会批判意义。

其次，从韩寒最早的小说创作中还可以看出他对作家身份认同的犹疑。《三重门》本是为了证明自己的文学才华，但讽刺锋芒并没有避开主人公林雨翔。这部作品有很强的自叙性，林雨翔在作文比赛中获奖、以体

---

① 韩寒：《1988：我想和这个世界谈谈》，国际文化出版公司 2010 年版，第 135 页。
② 黄平：《"大时代"与"小时代"——韩寒、郭敬明与"80 后"写作》，《南方文坛》2011 年第 3 期。
③ 杨庆祥：《抵抗的"假面"——关于韩寒的一些思考》，《东吴学术》2011 年第 3 期。
④ 同上。

育特长生被重点中学录取等许多情节都是韩寒的亲身经历。而小说中林雨翔的文学才华不过尔尔，他只是小时候被父亲强迫背了点古文而已，《红楼梦》不过读过简写本，许多外国作家作品更没有涉猎。这些细节表明，韩寒对从事写作存在一定程度上的不自信，及对作家身份认同心存犹疑。后来，韩寒选择成为职业赛车手，而把写作当作"业余"事业。这种自我认同首先造成他对文坛的疏离。2006 年他在网络上主动挑起"韩白论战"①，之后在"80 后"作家纷纷加入作协的情况下，韩寒多次嘲讽文学体制，坚持不加入作协。另外，"业余"写作者的身份认同也让韩寒缺乏学习文学经典、增加文学修养的动力，以及超越传统、超越自我的创新压力，最终也造成他的小说创作一直没有出现长足的进步。最后，这种的身份认同也使韩寒很难抵御文化商业资本的捕获。他在出版商的热捧中出版了十多本书籍，主编移动端电子阅读应用《ONE·一个》，之后又导演电影《后会无期》《乘风破浪》等，在文化商业化的道路上已紧跟郭敬明。

二　郭敬明：退回童年

如果说韩寒的写作显示了一条从"差生"到社会边缘人的自我逃离之路，郭敬明的写作则出现了退回童年的倾向，他自己也一直努力以"好孩子"的个人形象示人。根据埃里克森的理论，虽然童年期也有相对应的同一性发展危机，但相比之下，儿童主要面对的是父母，对于社会角色只是游戏性尝试，可以得到成年人更多的宽容和爱护。因此，青少年应对自我认同危机的另一种倾向是自我的退化，梦想退回到童年状态，这是一种软性的、温和的反叛和逃离。

---

①　2006 年 3 月，韩寒在博客上发表《文坛是个屁，谁都别装逼》，针对白烨的博客文章《"80 后"的现状与未来》（原载《长城》2005 年第 6 期。白烨在这篇文章中认为"80 后"走上了市场，但没有走上文坛；同时对韩寒的评价相对较低）挑起骂战。随后白烨回应，两人多次交锋。网络论战参与者还有支持白烨的谢玺璋、陆天明，以及众多韩寒粉丝。是为"韩白论战"或"韩白论争"。

郭敬明的写作十分明显地出现了这一征候。他在早期散文中常常自称"小孩"，比如，"我是一个在感到寂寞的时候就会仰望天空的小孩，望着那个大太阳，望着那个大月亮，望到脖子酸痛，望到眼中噙满泪水。这是真的，好孩子不说假话"①。"我是个会在阴天里仰望天空的好孩子，我真的是个好孩子。"② 其后的多部长篇小说中，郭敬明笔下的主人公也大多具有"孩子气"，要么是顺从父母和学校教育的"好孩子"、优等生，要么是小奸小恶但终能醒悟的"坏孩子"，而且人物关系一直保持着某种"孩子"之间的单纯。

郭敬明对"小孩"的自我认同倾向带来了多方面的写作后果。其一，他认为善于"模仿"他人作品也是一种写作能力，而没有"抄袭"的概念。"我对随便哪种感觉的文字上手都很快。曾经我用一天的时间看完《第一次的亲密接触》然后第二天就写出了两万多字类似的东西，把同学吓得目瞪口呆。"③ 可见，郭敬明对于自己的模仿能力十分自豪，显然也把"模仿"看作一种创作方式了。他后来创作的《幻城》《梦里花落知多少》《小时代》等小说作品都曾遭到"抄袭"指责。

《幻城》先是以短篇小说的形式发表于《萌芽》，之后郭敬明接受春风文艺出版社出书邀请，扩写成一个小长篇，小说作为单行本出版后成为畅销书。小说的第一人称叙事者"我"叫卡索，后成为幻雪帝国的王。单行本中，《幻城》部分写卡索和弟弟樱空释在冰族与火族的战争中逃到人间，后回到刃雪城。期间，爱上卡索的女子梨落、岚裳先后死去，而最终卡索杀死了跟他争王位的弟弟樱空释。《雪国》部分，卡索决定进入幻雪神山，他带领星轨、月神、辽溅、皇栎、片风、潮涯等人，先后打败南方护法蝶澈、北方护法星昼、西方护法星轨（跟随他们时假死），最终见到渊祭。她竟然是卡索父王的侧室莲姬，樱空释的母亲。《樱花祭》部分，卡索迎

---

① 郭敬明：《爱与痛的边缘》，东方出版中心 2003 年版，第 3 页。
② 同上书，第 207 页。
③ 同上书，第 134 页。

娶了离镜（前世是岚裳）、剪瞳（前世是梨落），但她们都在火族的又一次进攻中战死，而卡索也在火族攻入刃雪城时自杀，自杀前发现带领火族进攻的王子罹天尽的前世是樱空释。这部小说想象丰富，语言也极其优美、空灵。曹文轩在序言中称赞道，"读到《幻城》，终于有了一种安慰。作品用的是一种高贵、郑重的腔调，绝无半点油腔滑调。"① 但从《幻城》中可以明显地看出，郭敬明受到日本动漫的影响，比如小说的《雪国》部分很像日本动画《圣斗士星矢》；也受到古龙等人的武侠小说的影响，比如其中一些暗杀、斗智部分很像古龙小说。后来，网上有读者指出《幻城》其实在情节上完全抄袭日本漫画《圣传》，并把两部作品进行了详细的对比。②

郭敬明其后的长篇小说《梦里花落知多少》再次成为畅销书。这部小说讲述了叙述者林岚与同学好友闻婧、微微、火柴，以及恋人顾小北、白松、陆叙等人之间复杂的故事，林岚在北京读大学，毕业后跑到上海工作，后来又回到北京，她心中对顾小北仍旧念念不忘，而陆叙一直追求她。小说最后，陆叙出车祸不幸死亡，林岚又离开了北京，去深圳工作。后来庄羽起诉郭敬明，认为他的《梦里花落知多少》抄袭了自己的长篇小说《圈里圈外》，法院最终判决郭敬明和小说出版方败诉，登报道歉和赔偿经济损失。③ 除了在情节上的雷同之外，这部小说的语言幽默，具有"京味"特征，也与郭敬明一贯的语言风格不符，显然又是一部"模仿"之作。

面对不断的"抄袭"指责，郭敬明从不承认自己"抄袭"，甚至对于

---

① 曹文轩：《序一 喜悦与安慰》，载郭敬明《幻城》，春风文艺出版社 2004 年版。

② 看书的企鹅：《郭敬明〈幻城〉抄袭 CLAMP〈圣传〉——插图也抄》（https：//www. douban. com/online/10148993/discussion/15920063/）。

③ 2003 年 12 月，庄羽向北京市一中院起诉，称郭敬明的《梦里花落知多少》剽窃了其《圈里圈外》，北京市一中院做出一审判决，认定《梦》文与《圈》文整体上构成实质性相似。2006 年 5 月 22 日，北京市高级人民法院做出终审判决，判决郭敬明与出版方赔偿庄羽经济损失 20 万元与精神抚慰金 1 万元，还要求郭敬明与出版社应在 15 日内在《中国青年报》上公开道歉。

法院的判决，他也竟然宣称不懂成人世界的规则，只赔偿，决不道歉。郭敬明的"抄袭"行为和态度，一方面显示了后现代文化的影响，模仿、粘贴、挪用在一定程度上被他视为创作手段；另一方面，也反映了郭敬明在自我认同上的缺陷，他的认识和态度是一种"小孩"般的"任性"，是现代版权观念和文学创新意识的缺乏。这种对于"模仿"能力的高度依赖和不以为"抄袭"的文学观，对于郭敬明的小说创作产生了难以消除的负面影响。

其二，郭敬明对"小孩"的自我认同，使他在写作中像"小孩"一样放纵自己的情绪、情感，夸大人物的寂寞、忧伤和感动。他自称喜欢写散文，"其实我是喜欢站在一片山崖上，然后看着匍匐在自己脚下的一幅一幅奢侈的明亮的青春，泪流满面"①。在写小说时，"我一直在编造别人的命运，我躲在他们起伏的岁月中，编着他们的故事，流着自己的眼泪"②。从这些自白中，我们仿佛看到一个边写边"流泪"的写作者形象。而郭敬明小说中的人物也是饱含深情，常常流泪不止。郭敬明的这种写作倾向在青春文学中具有一定的代表性，甚至他爱用的"泪流满面"一词，逐渐成为青春文学的流行语。当然这一词语最终走向反面，成为网络上的调侃语。

在"抄袭事件"发生后，郭敬明推出了带有"自叙传"色彩的长篇小说《1995—2005 夏至未至》，前半部分讲述高中生活，后半部分为自己"抄袭"一事辩护。女孩立夏 1995 年考入浅川一中，遇到两个优秀的男生——傅小司与陆之昂。立夏渐渐对傅小司产生了爱慕。陆之昂由于母亲去世而消沉，在傅小司的陪伴下，又重新振作起来。小说后半部分，主人公们已经步入社会。2002 年的傅小司是红遍中国的畅销画家，并在立通传媒运营"屿"工作室，出版《屿》系列画集。立夏在大一快结束的时候成

---

① 郭敬明：《十七岁的单车（自序）》，《左手倒影，右手年华》，上海译文出版社 2003 年版。
② 同上。

为他的女朋友，之后又成为他鞍前马后的助手。陆之昂也从日本学成归来，加盟立通传媒，与傅小司并肩打拼。突然，傅小司陷入"抄袭"事件，立夏、陆之昂拼命帮助他。但厄运接二连三地来到，傅小司的"抄袭"官司输掉了，陆之昂因为袭击原告女画家冯晓翼而被捕，而程七七的介入导致立夏离开了傅小司。这部小说具有很强的抒情性，而且郭敬明超越了早期"泪流满面"式的简单写法，通过环境烘托、心理描写等手法，把立夏对傅小司的爱恋、傅小司与陆之昂之间的友情表现得唯美，细腻。尤其是对立夏的心理描写，刻画出一个温和、善良但有些自卑的女孩。其中，立夏发现傅小司就是画家祭司的情节具有传奇色彩，她的惊喜之情也有很强的感染力。

然而，郭敬明在长篇小说《悲伤逆流成河》中又从节制的抒情回归为"滥情""矫情"。这部小说的情节并不复杂，主人公齐铭与易遥一同生长在逼仄狭长、流言蜚语的上海弄堂里，但两人的家庭环境却有天壤之别。在中学里，作为班长的齐铭帅气优秀，易遥却成了"问题少女"，跟另一男生李哲发生关系怀了孕。但齐铭始终十分照顾易遥，他对相同出身、不同命运的易遥，既隐含同情与怜悯的情感，也不无两性之间的朦胧爱意。但郭敬明在表现两人情感时，常常夸张到矫揉造作。如易遥接到齐铭帮忙买来的一包验孕试纸后，作者用整个小节感叹所谓"超越爱情的存在"的感情。又如，因为易遥做错事，齐铭拒绝跟她一同回家，但他之后对着顾森湘呜咽了半天，作者用十四个破折号引出一段段齐铭所讲的关于两人关系的煽情话语。《悲伤逆流成河》一书在一年内畅销超百万册，说明这种"煽情"的写法十分契合青春期少男少女的心理，他们在"泪流满面"的自怜自艾中感受着儿童的乐趣，"不想长大"。

其三，郭敬明还在小说中制造了一种"友情共同体"想象。按照弗洛伊德的精神分析理论，6岁到青春期之间是一个性欲的"潜伏期"，在青春期的风暴来临之前，此时的儿童更倾向于跟同性伙伴发展友谊，而排斥异性。不难发现，在郭敬明对情感的表现中，同性的友谊似乎是第一位，爱情只能排在其后。《1995—2005 夏至未至》中傅小司与陆之昂的友谊已达到"两肋插刀"的地步。在《小时代》三部曲中,郭敬明则把"友情共同体"的想象发挥到极致。女孩顾里、林萧、南湘、唐宛如是中学同学,考入同一所大学后,想方设法住进了同一间学生寝室。小说开始时,她们的大学生活已快结束,但顾里在父亲死后,租了一栋别墅,请林萧她们搬来住。期间,不仅毕业没有影响友谊,而且她们的爱情之间的冲突,以及顾里家族与宫洺家族的商战,也没有击垮她们的共同体。这个"友情共同体"似乎超越了爱情、阶级与时间。

但值得注意的是,在这个"友情共同体"中,富家女顾里才是真正的主角,她从未缺席,是这部小说的灵魂。叙述者林萧仰视她,受她庇护;南湘也幸运地攀上她的弟弟顾准;而唐宛始终只是一个喜剧人物而已。可见,郭敬明描写的"友情共同体"离不开"金钱"的基础。另外,结局本来是大团圆,顾里获得巨额财产,林萧、南湘要嫁入豪门。但一场离奇的大火吞噬了一切,一年之后林萧路过现场,感觉做了一场梦。"友情共同体"最终烟消云散,成为一场梦,也体现了郭敬明自己对这种"友情共同体"的现实性抱有一定的怀疑。

郭敬明的"友情共同体"想象受到很多质疑,比如评论家黄平认为,这种"小共同体"最终的真实体验是"无聊",因为小说中的"小共同体"生活与历史脱钩,"必然反映在心理上的悬空之感,无法克服问题,只能延缓虚无"[1]。但不可否认,郭敬明的这种想象也有其合理之处,从儿童期生长出来的"友谊共同体",在社会伦理紊乱、爱情物质化的时代也是一种比较"纯洁"的精神力量。而且在现实中,"友谊共同体"似乎对郭敬明的文学商业发展,从"岛"工作室到"最世文化"公司,确实都发挥了一定的作用。

---

① 黄平:《"大时代"与"小时代"——韩寒、郭敬明与"80 后"写作》,《南方文坛》2011 年第 3 期。

曾与郭敬明并称"金童玉女"的张悦然，在某些作品中也表现出退回童年的倾向，她钟爱《睡美人》《灰姑娘》《海的女儿》等童话，常以它们为原型写出自己的故事。有研究者认为张悦然营造了一种"公主梦"，"体现出青春期的自我对社会及成人世界的疏远和拒绝"①。然而，由于童话本身携带着文明密码，张悦然"重写童话"不仅是一种"公主梦"，更蕴含着心理和文化上的深层意味。

三　春树：迷失于亚文化

"80后"作家中，春树的"反叛"最为惊世骇俗，在《北京娃娃》《长达半天的欢乐》等长篇小说中，她高扬所谓"朋克"精神，反叛学校教育，反叛父母，寻求自由、放纵的生活。《北京娃娃》的叙述者和主人公是少女春树，她讲述了自己从 14 岁到 17 岁的青春期生活。春树初中毕业后升入职业中学，不久由于厌学而休学，后又辍学。她热爱摇滚，写乐评，混迹于乐手、诗人、画家之中，先后与多人发生性关系。《长达半天的欢乐》可以说是《北京娃娃》的续篇，只是主人公的名字从春树变成了春无力。作者在这部作品中试图表现更广阔的生活，写春无力多次离开北京，去过石家庄、武汉、天津等城市。但春无力的生活方式还是与"北京娃娃"相同，她自述从高中退学后就一直过着自由自在、性放纵的朋克式生活，"看电视、听音乐、写小说、采访摇滚乐队。大概 6 个月换一次男友"②。表面上，主人公春树/春无力自诩为朋克，对于自己脱离主流社会的生活状态毫不在乎，甚至不无自豪地表明自己从摇滚乐与性爱中寻找到了自由与存在感。

其实，作家春树反叛学校、父母，投入"朋克"这一青年亚文化中，并没有真正获得自我认同，反而在一定程度上迷失了自我。在这两部小说

---

① 乔春雷：《青春想象与自我认同——张悦然论》，《当代作家评论》2014 年第 2 期。
② 春树：《长达半天的欢乐》，世界知识出版社 2003 年版，第 18 页。

中，春树/春无力依然在网络上写诗，怀着写小说成名自立的愿望；她还具有些许现代女性意识，不认同乐手们把朋克女孩称为"果儿"和视为玩物。春树/春无力在朋克群体中是寂寞的，没有获得归属感。

当春树取得写作上的成功后，便渐渐对朋克亚文化产生了矛盾心理。她的第三部长篇小说《2条命：世界上狂野的少年们》不再采用第一人称叙事，小说交叉叙述了两个女孩的故事，遇断和好孩子楠楠。遇断是一位成名的青年作家，她游荡在各个城市，参加音乐节，不断认识新朋友和摇滚乐手们，与其中一些人发生所谓的恋情，其实她自己也承认几乎都是"一夜情"。她还参加了一次文联举办的活动，与作家李坏搞在一起。而好孩子楠楠热爱摇滚，也常去音乐节，曾想"玩乐队"，但她不断堕落，做着"和小姐差不多的工作"，还得了严重的抑郁症。而且好孩子楠楠已经感到迷茫："过去的已经过去，而未来太遥远，我看不清。现在也模糊一片。现在在哪里？我在哪里？我是一个迷失之人，每天活在自己的臆想和悲伤里。"① 因为，她对自我的朋克身份产生了怀疑，从外在的穿着风格到内在精神，都对朋克亚文化不再认同。"好孩子楠楠也觉得自己不是朋克，因为现在越来越不明白什么是朋克了。如果说能从衣服、发型、化妆看出是不是朋克，那她不是一个朋克了。""如果冲动、向死而生是朋克，她估计也不是。"② 小说最后，遇断见到了好孩子楠楠，"她把刀深深地捅进了好孩子楠楠的肚子"，"我找到你了！我找到你了！找到你了，我就再也不孤独了！原来，你就是我，我就是你"③。这两个人物居然合二为一了！通过这一独特的"交叉—合并"的身份叙事，作者春树写出了内心的矛盾和隐忧：如果没有成名，她很可能是"好孩子楠楠"，已经迷茫和堕落；虽然现在她像"遇断"一样是成名作家，但由于"遇断"同样受到朋克亚文化影响，也处于危险境地。

---

① 春树：《2条命：世界上狂野的少年们》，作家出版社2005年版，第17页。
② 同上。
③ 同上书，第192页。

　　春树逐渐否定自我的朋克身份，有着多方面的原因。首先，春树对朋克亚文化的接受，主要是由于她从乡村到城市后变得敏感和缺失爱，亚文化只是她逃避自我的暂时的"避难所"。春树在作品集《抬头望见北斗星》和宣称为"《北京娃娃》前传"的长篇小说《红孩子》中，详细地描写了自己的儿童期和青春期早期的生活。春树从小生活在山东老家的乡村，直到小学三年级才来到北京跟父母、弟弟团聚。她小时候生活于乡村是快乐的，进入北京读小学、中学后变得敏感和孤独。"自叙传"小说《红孩子》中的林嘉芙也是如此，"我在像大森林一样永远绚烂多姿的家乡从未感觉到孤独。来北京之后我变了很多，变得怯弱胆小，那个没有更多亲人的城市就像一头灰色的巨大的怪兽要一口把我吞下"①。童年本身就是单纯、快乐的，"绚烂多姿"、亲情浓厚的乡村生活也让人愉悦、幸福，没有孤独感。然而，进入"没有更多亲人"的城市，林嘉芙不得不应对这个"巨大的怪兽"了。刚到北京时，她也曾努力地做一个成绩优秀、听老师话的好学生，但总不能讨得老师欢心；也曾努力地与同学建立友情，却发现同学之间的亲疏转变得太快。尤其是进入初中后，她由于参加学生会，开始追求朦胧的爱情，成绩急速下降。老师开始厌弃她，同学们也跟着对她冷漠无情。她更加渴望爱情、友情，渴望人与人之间的热情与坦诚，变得十分敏感，情绪化。在这样的情形下，林嘉芙开始迷恋摇滚乐，"就像溺水的人在挣扎中紧紧抓住手中的稻草不放，我开始迷恋上了摇滚乐"②。然而，后来，她发现在朋克群体中同样无法获得温暖的、持久的爱，便在心理上逐渐疏远了摇滚乐亚文化。

　　其次，春树心中还残存着所谓"红孩子"情结。她的父亲是军官，她来到北京后生活在军队大院，在学校里接受着革命历史教育。"我是一个红孩子，内心渴望着激情的事业和理想。""我恨不得回到过去的红色岁

---

① 春树:《红孩子》，二十一世纪出版社 2007 年版，第 20 页。
② 同上书，第 145 页。

月，当个送鸡毛信的小士兵。"① 在朋克亚文化的反叛中，春树一直掺杂着奋斗的激情。《北京娃娃》中主人公一边幻想着"战死街头"，一边还在不停地写作。之后，在第二部小说《长达半天的欢乐》的"前言"中，春树解释了自己所理解的朋克精神，"现在我想说，朋克其实就是那种有社会责任感，随时超越自己，永远都做一些令人出乎意料的事情的人"②。这种认识更加降低了反叛的意味，充溢着积极向上的奋斗精神，表明春树实际上渴望着主流文化的认可。而她在写作上的成功，某种意义上实现了自我奋斗的成名梦想。

再次，春树对摇滚乐的热爱还包含了虚幻的美国想象。《红孩子》中林嘉芙先听到 Nirvana 的磁带，又读到一本书《灿烂涅槃》。"也就是在阅读的过程中，我了解了那盘我听不下去的磁带的背面故事，那种陌生的生活吸引着我，好像大洋彼岸有人在呼唤我的名字，等待与我相识。"③ 春树想象中的美国生活与她在现实中的中学生活简直有着天壤之别，因此，她对摇滚乐的热爱实际上是对另一种生活的渴望。"我幻想美国是一块自由的新大陆，热情、坦率、乐观。能在美国度过青春期是我可望而不可即的梦想。"④ 当然，春树的"梦想"不能被简单地理解为"崇洋媚外"，而是说明她在成长过程中，把仅有的从摇滚乐中了解的美国生活片面化、"乌托邦"化了。春树在长篇小说《光年之美国梦》中，几乎消除了朋克亚文化的痕迹，因为她终于践行了青春期幻想的"美国梦"。主人公们通过网络视频交往外籍男性，或者前往泰国、美国见男友，旅行，短期居住，过着富裕、浪漫、自由的现代都市生活。对于春树小说的这种转变，有研究者称为"由'朋克'而'小资'"的变化："先按照正统社会的法则'混出来'，再实现自我选择的自由，如果这就是春树为自己'让无力者有力'

---

① 春树：《红孩子》，二十一世纪出版社 2007 年版，第 34 页。
② 春树：《长达半天的欢乐》"前言"，世界知识出版社 2003 年版。
③ 春树：《红孩子》，二十一世纪出版社 2007 年版，第 144 页。
④ 春树：《光年之美国梦》，文化艺术出版社 2010 年版，第 221 页。

的信条最终选择的实践方式的话,那和'小资'们的生活信条已经没有多大区别。"① 随着中国的市场化、都市化的发展,随着春树本人的成名,"美国梦"不再遥远,她无须再从摇滚乐等舶来品中幻想所谓自由的生活,同时也失去了写作的精神动力。

面对学校教育,韩寒、郭敬明、春树等"80后"早期作家,无论是逃离角色、退回童年,还是迷失于青年亚文化,都存在着自我退化的倾向。但他们能够真诚地表达自己的困惑和痛苦,为一代人的青春期心路历程"立此存照"。

第三节　超越亚文化

由于韩寒、郭敬明、春树等早期"80后"作家的青春叙事表达了学校教育压抑下的反叛、痛苦与迷茫,同时在形式上具有鲜明的修辞化、风格化特征,正好契合了伯明翰学派界定青年亚文化的两大关键词——反叛与风格,因此,"80后"写作现象起初被吴俊、孙桂荣等研究者认定为青年亚文化。孙桂荣主要以风格因素把青春文学分为"阳光"型、叛逆型、忧伤型和先锋型,并以亚文化理论分析叛逆型、忧伤型青春文学,认为叛逆型青春文学,"有时只具有象征意义,并有被主流文化'招安'的可能性"②;忧伤型青春文学的反叛性更弱,不过是"对主导文化既不构成正面追随又不构成反向破坏"③。吴俊则十分乐观地看待"80后"文学在文化、

---

① 邵燕君:《"美女文学"现象研究:从"70后"到"80后"》,广西师范大学出版社2005年版,第91页。

② 孙桂荣:《走过青春期的文学试验——论新世纪"青春文学"》,《文艺争鸣》2009年第4期。

③ 同上。

文学领域的巨大力量，认为亚文化/亚文学可以创造出自己的历史，甚至对主流文化和文学进行"革命性的改造、置换、取代"①。事实证明，"80后"文学并没有如此巨大的革新力量，随着"80后"作家的成长、转型和分流，除了郭敬明等人继续面向市场创作甚至进一步扩大青春文学的出版和市场之外，大部分的"80后"作家逐渐靠近严肃的纯文学。

当然，从青年亚文化视角考察"80后"文学具有一定的合理性，因为早期"80后"青春文学的生产和传播基本上局限于青少年群体，艺术上似乎也达不到"纯文学"的高度。

然而，研究者不能直接把早期"80后"文学归入亚文化领域，不能对其持有"低等文学"的先见和偏见。一方面，早期"80后"青春叙事的意义传达并非单凭风格。杂乱无序、变化多样的风格是青年亚文化的首要特征，伯明翰学派的代表人物迪克·赫伯迪格曾阐述"风格"在亚文化中的重要地位，"然而，亚文化所代表的对霸权的挑战，并不是直接由亚文化产生出来的，更确切地说，它是间接地表现在风格之中的"②。因此，亚文化对主流文化的反叛本质上是一种姿态，学者们对其风格的解码式分析而所能阐述的意义，充满了不确定性。早期"80后"的青春叙事的情感和思想表达则与传统文学并无二致，意义存在于情节、人物形象和叙述者态度之中，它的修辞化、风格化倾向只是文学素养不够、理性缺乏、情感夸饰的反映，与亚文化的作为意义载体的风格不可等量齐观。另一方面，早期"80后"作家的创作态度大体上是严肃的。亚文化大多是娱乐休闲形式，如朋克音乐、锐舞、酒吧文化等，同时亚文化活动的主体是变动不居的小群体，他们主要是寻求刺激、娱乐和特定的群体感，对主流文化具有多大的反叛性、颠覆性是十分可疑的。而"80后"作家虽然也受到娱乐文

---

① 吴俊：《文学史的视角：新媒介·亚文化·80后——兼以〈萌芽〉新概念作文的个案为例》，《文艺争鸣》2009 年第 9 期。

② ［美］迪克·赫伯迪格：《亚文化：风格的意义》，陆道夫、胡疆锋译，北京大学出版社2009 年版，第 17 页。

化、消费主义的影响，但在很大程度上关注和表现自我认同的危机，反映社会和文化问题。由于他们的自我认同危机与社会危机的密切关系，他们的作品客观上也反映社会发展的弊病。

因此，从更加宽容和开放的文学标准出发，就会发现"80后"早期青春叙事也具有一定的文学意义和价值。其一，开辟了青少年写作的文学领域，是现有文学场的有益补充。新时期文学场努力挣脱政治文化的影响，获得了相对的独立性，但始终无法挣脱政治权力，且因为体制化而有封闭性、固化倾向。作家入场必须经历从文学期刊发表作品、出版作品集到进入作协、文联系统等步骤，在这一过程中，文学标准也是相对保守的，青年作家在某种意义上必须消磨自己的艺术个性而显得"成熟"。"80后"作家在市场的帮助下大量涌现，他们的作品也很容易面世，虽然其中良莠不齐，泥沙俱下，但最大限度释放了青年人的文学创造力，也保留了青年人的艺术个性。其实，在中国现代文学时期，文学也是面向市场的，青年作者也曾大量出现，历史大浪淘沙，绝大多数作者湮没无闻，但像巴金、沈从文、萧红、张爱玲等人创作出足以流传后世的杰作，成长为文学史上的大家。

其二，在图像文化时代，早期"80后"文学启发了青少年的文学阅读，延续了"阅读文化"。美国学者尼尔·波兹曼在《娱乐至死》中指出，电视机开启了"娱乐业时代"，而印刷媒体代表的"阅读文化"很可能即将消逝。这不仅是媒介、话语的改变，而且是人类思维、文化的巨大转变。因为，阅读有助于分析思维、理性、智力的发展，"阅读从本质上说是一件严肃的事情，当然也是一项理性的活动"[1]。现在，波兹曼的预言基本上成真了，不仅电视，而且电脑、手机承载的网络媒介更是进一步压缩了"阅读文化"的空间，在新媒介中大行其道是图像文化，青年人成为"触屏一代""低头族"。在这样的"娱乐业时代"，早期"80后"青春文

---

① ［美］尼尔·波兹曼：《娱乐至死》，章艳译，广西师范大学出版社2004年版，第66页。

学总体上能够严肃地表现自我，探讨相关的人生、社会问题。21 世纪前后，许多"80 后"作家起初也在网络上写作，如郭敬明、张悦然、颜歌等人，但不久便与网络文学分道扬镳。因为文学网站很快都被资本雄厚的文化公司收购，网络文学的类型化日趋严重，网络上的青春文学也变得名不副实，挂着青春、校园的招牌，实质上是书写言情与欲望。因此，纸媒的"80 后"青春文学作品的畅销，以及其后形成的青少年写作和阅读的文学空间，具有传播和延续"阅读文化"的积极意义。

其三，早期"80 后"作家开启了一代人对于自我认同的叙事，以及对于自我价值、社会文化和现实生活的书写和反思。虽然早期"80 后"青春叙事的情绪化、修辞化影响了自我认同心理的细腻、复杂的表达，而且市场化也造成青春叙事的类型化倾向，但随着更多的"80 后"作家转向或者新加入严肃的青春叙事，表现青春期自我认同的痛苦与挣扎，思考后现代社会和多元文化中自我的成长，"80 后"青春叙事的主题和艺术价值也得到不断地提升。

第三章　爱欲的衰败与自我的重建

对于爱情的书写，尤其校园爱情，是青春叙事常见的内容。"80后"作家的青春叙事也不例外，他们虽然激烈地批判中学教育，但依然表现了中学校园里比较纯真的爱情，并延续到对大学以及城市生活中情爱的思考和呈现。贺绍俊曾概括青春文学有三个关键词：理想、爱情和自我。[①] 然而，由于多元文化环境中"80后"自我认同危机的发生，他们显然失去了对社会理想的想象和表达，更加关注自我心理的宣泄和平衡。因此，"80后"作家笔下的爱情不是曲折、浪漫的爱情故事，而是隐含着他们自我心理的深层变动。

从表面上看，"80后"作家的爱情书写的变迁与他们的人生经历相关。在中学时，"80后"面临高考压力，学习生活很紧张，而且学校和家长都极力压制中学生恋爱的倾向，把他们的恋爱称为"早恋"。在这样的环境中，男女生之间的接触是有限的，但他们对爱情的萌发却十分敏感，对爱情的想象也特别美好。而进入大学以及走向社会之后，一般而言，"80后"开始真正地体验到爱情和性爱，他们才发现真实的爱情感受与过去的爱情想象并不完全符合，而由于社会生活的各种诱惑和影响，爱情变得不再那

---

① 贺绍俊：《以青春文学为"常项"——描述中国当代文学的一种视角》，《文学评论》2011年第1期。

么单纯。因此，"80后"青春叙事既描绘了纯真的中学校园恋情，又表现了这种纯真的爱情在大学以及社会生活中的消逝。这似乎表明"80后"认清了现实，"成长"了。

但从深层的自我心理层面来考察，"80后"青春叙事中爱情书写的变迁并非如此简单。弗洛伊德早期把性本能看作人格形成的决定性因素，他在后期理论体系中有所修正，把性本能改称为爱欲本能。赫伯特·马尔库塞在《爱欲与文明》一书中明确指出爱欲不等于性，爱欲是性的扩展和升华，包含了所有"爱"的能量。他运用弗洛伊德的爱欲本能的压抑和解放的理论，批判发达资本主义社会，想象未来人类文明。因此，"80后"爱情书写的变迁反映着他们爱欲本能和心理结构的变化。"80后"的童年期是在80年代和90年代初期度过的，这时他们接受的是相对传统的文化和情爱伦理，这些伦理道德内化为他们心理结构中的超我。而中学时学校和家长对"早恋"的压制，以及同学之间单纯的关系，不过是强化了他们的传统情爱观。"80后"作家描绘中学校园恋情的纯真和美好，正是传统情爱观的体现。当"80后"处于青春期和成人早期时，中国建立了市场经济和进入消费社会，同时发生了社会文化的巨变，传统文化断裂了，后现代文化主导的多元文化环境形成，物质至上、消费主义的思想甚嚣尘上。社会文化的巨变冲击了"80后"这代人还没有完全定型的自我认同和心理结构。传统社会指导超我发展的"父亲"形象变成了后工业社会的非人格化的管理制度；而且情爱伦理也发生了翻转，传统的纯真、忠诚的爱情观被抛弃，自由而放纵的情爱观在消费社会中形成。超我的变化引起自我、本我的连锁反应，最终造成了这代人心理结构的变动。这一过程中，在超我和本我之间调节的自我的痛苦可想而知。于是，"80后"作家在讲述后现代社会中的爱情故事时，主要表现自我的痛苦，而不是幸福和满足。

第一节　"80 后"的爱情书写与自我认同

　　"80 后"作家早期的爱情书写主要讲述中学时代纯真的校园恋情。韩寒的《三重门》批判了中学教育和校园生活的方方面面，却把主人公林雨翔与 Susan 的恋情写得青涩、纯真和美好，其中，Susan 为了林雨翔故意丢分而没有考上市重点的情节，似乎体现了"纯真爱情"的力量可以超越一切，包括应试教育下的高考压力和前途。春树的《北京娃娃》《长达半天的欢乐》等作品，写到林嘉芙等主人公对"性"的随意态度和放纵，逾越了"80 后"通常的中学生活，也因此被视为"残酷青春"的书写。实际上，春树对于"朋克"反叛和性放纵的描写，只不过是掩盖她追求纯真友情和爱情的失败。后来她在自传体长篇小说《红孩子》中细腻地描写了主人公林嘉芙从故乡来到北京读小学、初中时，对友情的渴望和追求，以及对高年级同学陈宇磊的长时间的暗恋。又如，落落的长篇小说《年华是无效信》讲述了高二女生宁遥的友情和爱情故事。宁遥只有一位好友王子杨，但面对漂亮、学习好、开朗大方的王子杨，她常常产生不可遏止的自卑与嫉妒。有一次，宁遥偶然认识了大学生陈谧，开始暗恋他。后来，同年级另一个班上的男生萧逸祺喜欢上宁遥。但王子杨却误会这个大大咧咧、没心没肺的高个子男生是在追求自己。宁遥和王子杨的友情，随着她们冲突的爱情发生着变化，后来她们都做了对不起对方的事，两人变得客气又冷淡，但多年的友情似乎还潜伏在心底。这部小说的不凡之处是作者表现少女心理的纤细与真切，"用自己的少女情怀去思考"[①]。少男少女情窦初开的情怀，以及随之形成的"纯真爱情"是"80 后"笔下中学校园

[①]　落落：《年华是无效信》"后记"，春风文艺出版社 2005 年版。

恋情的主要特征，甚至"残酷青春"也是作者的纯真爱情观的反证。

"80 后"作家对于大学校园、社会生活中的爱情书写，出现了"纯真爱情"渐行渐远、日益稀缺的叙事倾向。孙睿的《草样年华》最早展示了"80 后"不无颓废的大学生活。主人公邱飞在高三时为了缓解高考压力而盲目地与女同学韩露谈恋爱，但韩露没考上北京的大学，去上海读专科。在大学里，邱飞爱上了周舟，两人的恋情很快升温。但邱飞不知道珍惜，与前女友韩露藕断丝连，还在去西安旅游时跟火车上认识的汤珊住在一起。周舟原谅他好几次，最后忍无可忍，提出分手。但作者对邱飞似乎抱有一种同情，他的"出轨"和背叛是大学生活的苦闷造成的自轻自贱，他其实很爱周舟，也对她的离开追悔莫及。马小淘的青春叙事作品主要表现爱情，她的小说集《火星女孩的地球经历》①中的篇什讲述了从中学到大学里的各种爱情故事。《她们，他们》写中学生爱情心理的微妙变化，漂亮而不努力学习的女生宝拉，对优等生柯辰的情感由讨厌变成了喜欢。《十年》以第一人称叙事，讲述"我"对同学林樱长达十年的"单恋"。"我"在中学时经历了母亲自杀、父亲再婚等家庭变故，性格变得孤僻，成绩下降，只有女同学林樱一直关心"我"。但两人考到北京的不同大学后，"我"一直没有交女朋友，也没有勇气去追林樱，看着她恋爱又失恋，徒增伤感。《过去的好时光》中，第一人称叙述者"我"有男朋友萧，两人从初中就认识，高中同班，大学时成为恋人，感情一直很好。然而，这时"我"被一个叫沙易的美院学生吸引了。由于自己的移情别恋被萧发现，"我"和萧分手，但不久发现沙易只是个旁听生，而且有公认的女朋友，还常常勾引其他女生。"我"因为这样一个不值得爱的人，失去了萧和"过去的好时光"。马小淘的长篇小说《琥珀爱》讲述研二女生萧宵遭遇了一场爱情"地震"。萧宵与冷朗从初中同学发展为"闺蜜"，直到成为恋人。现在，冷朗远在西班牙留学，萧宵需要常常忍受独自一人生活的孤

---

① 马小淘：《火星女孩的地球经历》，时代文艺出版社 2005 年版。

独，但他们的情感深厚。"他们恋爱五年以来从不争吵，五年，可以四目相对的日子加起来不到三个月，共同的岁月已经少得可怜，理智告诫他们必须珍惜。"① 然而，一个成功人士武熙沛开始对萧宵大献殷勤，萧宵虽然厌恶他的丑陋相貌和土气，但也发现自己孤独的心灵需要慰藉。萧宵抵御住"出轨"的诱惑，拒绝了武熙沛。但武熙沛盗用她的邮箱，破坏了她和冷朗的关系。萧宵联系不上冷朗，远赴欧洲寻找而不得，回国后自杀未遂。在医院中，武熙沛忏悔地说出自己的卑鄙行为。冷朗也从西班牙赶来，与萧宵重归于好。可见，马小淘虽然描写过"单恋"和移情别恋，也注意到现实生活中的诱惑和人性的弱点，但仍然信仰忠诚的爱情。

七堇年的小说也着重表现了物欲社会中"纯真爱情"和安稳生活的难得和珍贵。她的第一部长篇小说《大地之灯》②，描写了广阔的生活，风格庄重、大气，宣扬一种奉献自我的理想的"爱"。主人公简生与大学同学、后来的妻子辛和，同去圣彼得堡留学，回国后在西藏领养了孤儿卡桑。而简生得知当年曾照顾自己的绘画老师淮得了怪病，便离开妻女，回到南方照顾淮，直到她去世。当简生回到北京，辛和还在等待他，随时欢迎他回家。但很快，七堇年在第二部长篇小说《澜本嫁衣》中描绘了截然不同的爱情图景。"这年夏天我终于写完《澜本嫁衣》，我知道我也已经告别了一个纯真年代。"③ 这部小说以主要人物叶一生的第一人称叙事，讲述了"我"自己以及表姐叶知秋的爱情与人生故事。"我"和叶知秋在小镇长大，后来先后来到津城读大学。叶知秋在大学里与当年游泳队队友康以明重逢，在他的诱惑下开始堕落，常去夜店寻欢作乐，见识了纸醉金迷的场面。叶知秋便开始与康以明同居，但他到处寻花问柳，寻欢作乐。叶知秋对他的爱逐渐丧失了，但也不愿再回到过去那种辛苦的日子。她在夜店里逐渐混出名堂，做"鸡头"，卖冰毒。叶知秋后来染上毒瘾，还曾被人报

① 马小淘：《琥珀爱》，安徽文艺出版社2014年版，第30页。
② 七堇年：《大地之灯》，长江文艺出版社2007年版。
③ 七堇年：《澜本嫁衣》"自序"，长江文艺出版社2008年版。

复，遭受百般凌辱。叙述者"我"无力阻止表姐的堕落，只有在大学里精心呵护着自己的爱情。"我"和男友何耀辉的恋情表面上十分美好，常常一起旅行，何耀辉爱好写诗作文，而"我"像个妻子一样安心、满足地照顾他。但最后何耀辉为了寻求刺激，背叛了"我"，在寒假里跟叶知秋搞在一起。"我"出国远走，后来因母亲去世而回国，不久却听闻叶知秋自杀。欲望毁坏了叶知秋和康以明的爱情，葬送了叶知秋的青春和人生；叙述者"我"同样无法置身事外，"我"的"纯真爱情"和安稳生活的理想也被打碎了。七堇年的第三部长篇小说《平生欢》，描绘了雾江边某军工厂子弟的群像，有叙述者邵然，还有陈臣、白杨、"弹簧"、李平义、邱天等人，他们从小一起读书，但人生的走向却相差很大。其中，第一人称叙述者邵然长大后，也追求"纯真爱情"和安稳生活。他在大学时爱上了尹柔山，无微不至地照顾她，但她却一心想挣钱，与客户纠缠不清，还骗光了他的钱。邵然在这场爱情中深受伤害，但毕业后依然对尹柔山念念不忘，也因此伤害了另一个女孩许贞祺，直到后来回到雾江老家，他才过上安稳的生活，娶到理想的妻子。小说中，另一个主要人物李平义对爱情的追求也十分动人。李平义在中学时就喜欢残疾女孩邱天，一直保持单身，多年以后，他放弃金融界高薪工作，去国外找她求婚。李平义对纯真爱情的信念、对恋人的尊重，是这部小说所描绘的欲望世界中的一缕光芒。

从自我认同心理的角度可以发现，孙睿、马小淘、七堇年等"80后"作家的爱情书写存在矛盾性。一方面，他们描写了"纯真爱情"在后现代社会中岌岌可危和逐渐消逝的景象。孙睿的《草样年华》中，邱飞颓废而悲观，在情爱上也遏制不住放纵的冲动。马小淘的《琥珀爱》中，萧宵尽管抵御住了诱惑，但武熙沛本身的诱惑力似乎不够强大。七堇年的《澜本嫁衣》中的叶知秋、《平生欢》中的尹柔山，已经被物欲捕获，嘲笑和破坏了"纯真爱情"，背叛和抛弃了深爱自己的人。七堇年还通过叶知秋的视角描摹了年轻人堕落的可怕景象，"太多的年轻女学生在那些地方挣钱谋生，大都希望能够傍一个款爷，省得单枪匹马奋斗得辛苦。她们委托知秋给自己牵线找人，有的干脆投奔知秋让她经营自己。有的又精心打扮，在声色迷乱的酒吧去坐着等人上钩"①。另一方面，马小淘等人又坚守着"纯真爱情"的信仰。孙睿的《草样年华》表现了邱飞的悔恨，他在周舟离开后决定痛改前非，请求复合。马小淘的《琥珀爱》以主人公萧宵自杀未遂的惨痛代价换来一个完满的结局，作者通过反面人物武熙沛表达了对萧宵的崇拜："他被她的爱震慑了，那笨拙、刚毅、自闭、永不调头、一条道走到黑的爱，挑战了自己多年对爱的定义。"② 而七堇年在《澜本嫁衣》和《平生欢》中，也分别写到叙述者叶一生和邵然对"纯真爱情"和安稳生活的不懈追求。可见，马小淘等人对传统情爱伦理的坚守，反映了他们维持自我同一性的努力。尽管他们认识和感受到消费社会中物欲和性放纵的破坏力量，以及传统情爱伦理的断裂造成的自我的痛苦，但为了保持自我的同一性，他们选择坚守童年期内化的传统情爱伦理，批判后现代社会中情爱的乱象。

然而，也有一些"80后"作家选择直面后现代社会中自我认同和心理结构的震动，全面、真实而深入地呈现这代人爱欲本能的变化，并寻求自我心理的重建。张悦然、周嘉宁是其中重要的代表。

第二节　爱欲的衰败史

张悦然属于第一拨成名的"80后"作家，2001年获得第三届"新概念作文大赛"一等奖，且在郭敬明之后被春风文艺出版社强力推出。然而，张悦然的创作一直是严肃的，她关注现实社会巨变，面向自我的纵深

---

① 七堇年：《澜本嫁衣》，长江文艺出版社2008年版，第112页。
② 马小淘：《琥珀爱》，安徽文艺出版社2014年版，第159页。

和幽暗处，挖掘出这代人的真实心理。在迄今的整个创作中，她从表现偏执的"爱"转变为展示苍白的"性"，而从她描画的这一代人艰难的、扭曲的"成长"图景中，爱欲的衰败与社会文化巨变的关联性浮现出来。

从 2003 年到 2006 年，张悦然出版了多部作品，分别是中短篇小说集《葵花走失在 1890》《十爱》和长篇小说《樱桃之远》《水仙已乘鲤鱼去》《誓鸟》，以及小说图文集《红鞋》。这一阶段可视为她的早期创作，以偏执、极端的"爱"的主题以及与之对应的忧伤、唯美乃至哥特式的叙事风格引人注目。

以重写"童话"来表现"爱"，是张悦然早期鲜明的叙事模式。她自己在一篇访谈中承认："我的一些小说，其实你仔细看，都是童话的翻版。"① 她最喜爱的童话是《海的女儿》《灰姑娘》等。她的短篇小说《葵花走失在 1890》正是《海的女儿》的重写，叙事者"我"本是一颗向日葵，请求巫婆把自己变成了人，因为"我"爱上了一个荷兰人叫文森特·梵高，但"我"像美人鱼一样，变成人也没能获得幸福。《竖琴，白骨精》把美人鱼式的为爱情自我牺牲写得更加极端，小白骨精心甘情愿地奉献自己的白骨，给乐师丈夫制造各种乐器，直到变得弱不禁风，抑郁自杀。长篇小说《水仙已乘鲤鱼去》的故事内核是《灰姑娘》，患上暴食症的胖女孩璟，因为爱情的魔力和友情的帮助，完全蜕变为一个漂亮、优雅的少女，还最终实现自己的作家梦。另外，《毁》《霓路》等短篇小说有《睡美人》的印记，女孩们希望像公主一样被真心爱慕自己的王子带走。

为什么张悦然如此热衷于重写童话？甚至，她不惧怕重复，"很多人会担心重复，我觉得不应该担心重复。一个内核，如果故事发生的环境不同了，故事也会变得不同"②。有研究者认为，作为生活优越、获得长辈过多关爱的独生子女一代，张悦然营造着"公主梦"，"小说透过对'公主'

① 张悦然、杨葵：《内在的优雅》，《花城》2004 年第 5 期。
② 张悦然、七月人：《〈十爱〉一爱》，载韩寒、何员外等《那么红》，中国文联出版社 2005 年版。

形象的认同，体现出青春自我对成人世界的反抗、拒绝与展现个人自由空间的愿望"①。

　　然而，一方面，张悦然似乎并不在意"公主"身份，而更着迷于童话中蕴含的强大的爱欲能量。除了公主与王子的童话，张悦然还对神话、传说感兴趣，她的短篇小说《宿水城的鬼事》写女鬼的爱情故事，长篇小说《誓鸟》引入了"精卫鸟"意象。她们身上强烈的爱与恨都是本能力量的体现。按照弗洛伊德后期的理论，人的两种基本的本能是爱欲本能与破坏本能，也称为生命本能与死亡本能。其中，爱欲本能以性本能为基础，是保证人的个体和人类种属能够生存下去的本能。张悦然重写童话、神话、传说，正是迷恋其中的爱欲本能的力量，而叙事中出现的大量"死亡"事件几乎都是"为爱自我奉献""为爱而死"，爱欲是主导的力量。

　　另一方面，所谓"青春自我对成人世界的反抗、拒绝"需要进一步的分析，因为"80后"成长过程中"成人世界"发生了巨变。"80后"的儿童期主要是在80年代度过，相对而言，那时的中国还是一个传统的社会，家庭调节着个体与社会的关系；他们的青春期主要在90年代度过，中国的市场化、现代化、城市化加速，尤其是东部发达地区开始进入后工业社会。张悦然又曾去新加坡留学，住在东南亚最发达城市的19层公寓里，学习最具有后工业时代特点的计算机专业，体验了更多的后工业文明的征候。而相比传统文明，后工业文明更加压抑人的本能。赫伯特·马尔库塞在《爱欲与文明》中认为，后工业社会是崇拜生产率的社会，是极大地压抑爱欲的文明。家庭失去了调节功能，社会组织、结构直接教育和操控个体。他认为在后工业文明中现实原则已变为操作原则，因为除了为解决物质缺乏所必需的合理的压抑以外，后工业社会还增加了与统治利益相关联的额外压抑。因此，张悦然早期创作中所拒绝的"成人世界"是后工业文明，是发达资本主义文明。她通过汲取童话、神话与传说中携带的祖先的

---

① 乔春雷：《青春想象与自我认同——张悦然论》，《当代作家评论》2014年第2期。

本能力量，唤醒儿童期所接受的传统文明的爱欲，来拒绝青春期所面对的这个"成人世界"。

为了更加看清这一点，需要结合张悦然早期创作的另一个特征：以书写"情结"来表现"爱"。张悦然说："情结是迷人的东西，我之所以这样说，是因为当一个人陷入完全沉溺并且不断追逐的状态的时候，总是会表现出一种义无反顾的样子，力量的巨大是惊人的。所以我决定写写情结。"① "其实情结在心理学上是一种病态，病态我觉得就是'过'，是一种追求极致的极端的状态。"② 比如短篇小说《黑猫不睡》《小染》、长篇小说《水仙已乘鲤鱼去》等作品，隐含着"恋父情结"及其变体"寻父"与"弑父"。《黑猫不睡》的叙述者女孩"我"，生活在一个"男尊女卑"的家庭里，养了一只黑猫叫墨墨。父亲失业、祖母病死后，父亲把"不祥"的黑猫踢出家门，还踢晕保护它的"我"。显然，这篇小说中的"父亲"拥有绝对的权威，但对"我"缺乏关爱。《小染》里的女孩小染最终走向"弑父"。小染在父母离异后跟着画家父亲过，父亲对她关爱也不够，只是常常拿她做模特。小染在街头遇到一群男孩，其中一个男孩认为她嘴唇太白了，否则很美，请她涂上唇膏去参加酒吧的 party。小染回家没有找到红色染料，而父亲又要她当模特。小染急着赴约，用刀子杀死了他，还把手上的血涂到嘴唇上，想着男孩的话，满意地笑了。因此，"弑父"与男孩有着隐秘的关系。长篇小说《水仙已乘鲤鱼去》的主人公女孩璟，在奶奶、父亲相继去世后，跟随母亲来到继父家，她逐渐爱上了继父陆逸寒。他是个理想的"父亲"，却又成为璟的爱欲对象。对于小说中的"父亲形象"，张悦然说："父亲的形象在我的成长中有一种缺席感，父亲当然一直都在，可是我们之间的交流很少。似乎还是生长在具有男权气氛的家庭里，父亲和女儿很难有亲密的感觉。我想

---

① 张悦然：《我的关于右手的情结》，《上海文学》2004 年第 8 期。
② 张悦然、七月人：《〈十爱〉一爱》，载韩寒、何员外等《那么红》，中国文联出版社 2005 年版。

得到父亲的爱，但是我们之间始终不能够达到令我满意的距离。在写作中，我似乎在通过一种极端的方式引起父亲的注意。"① 可以说，"恋父情结"是张悦然小说创作的重要动力。

然而，"父亲形象"只有在传统文化里才有重大意义。传统文化中，父亲是权威，他积累了生产、生活的经验，有着规训、压制的力量，也有着保护、关爱的责任。父亲的权威在儿子长大后不断被挑战，儿子最终会推翻父亲的统治。但对于传统文化而言，这是文化的延续方式，儿子会有负罪感，进而会神化自己的父亲，以父亲的形象要求自己，并成为新一任的父亲。女儿同样会崇拜自己的父亲，并以父亲的形象为标准来寻找丈夫。因此，张悦然早期创作不断书写"恋父情结"意味着对传统文化的认同。但是，此时的传统文化已经发生断裂。在后工业社会中，父亲积累的过去的经验很可能毫无用处，面对日新月异的新技术、新媒体、新工具，他们接受起来远不如后代。父亲的权威几近丧失，人被社会组织、机构直接操控着。

所以，在张悦然的小说中，"恋父"被扭曲为"弑父""寻父"。《黑猫不睡》中的"我"得不到父亲的爱，邻居家的男孩晨木便成为"父亲"候选人，"我"放心地把墨墨寄养在晨木家。同样，《小染》里的女孩小染也把街头男孩当作可以宠爱、欣赏自己的人。这些"父亲候选人"可以成长为充满爱与责任的"父亲"吗？晨木不久也把黑猫赶出了家门；而小染仅凭街头男孩的一句话，恐怕也难以托付终身。可见，张悦然的"恋父""弑父""寻父"叙事，折射出"80 后"的精神创伤。"不想长大"对于"80 后"有着特别的含义。他们在儿童期内化的以及集体无意识中的传统爱欲造成了对青春期的拒绝，传统爱欲本能在后工业文明环境中被压抑，他们的成长充满矛盾和痛苦，而写作成了张悦然释放传统爱欲的方式。

---

① 王琨、张悦然：《"我们这一代作家是由特写展开的"——访谈录》，《小说评论》2013 年第 6 期。

因此，由于青春期遭遇精神创伤，张悦然的早期创作追溯童年期爱欲，呈现出传统爱欲喷涌的奇异图景。

其一，爱情、亲情、友情的极致的表现。上文已涉及张悦然小说中的爱情、亲情，对于友情，她也极力表现其中充沛的爱的力量。比如，长篇小说《樱桃之远》讲述女孩杜宛宛与段小沐犹如一对"两生花"，能够感知对方的痛苦，她们之间曲折地生长出足以奉献自己的友情。小时候，杜宛宛经常幻听，还无端地心脏疼痛，后来发现原来自己与段小沐有心灵感应，在段小沐心脏疼痛时感同身受。因此，杜宛宛仇视段小沐，视之为纠缠自己的魔鬼，六岁的她居然设计陷害段小沐，把她从高高荡起的秋千上推下去。这一切被她们的幼儿园同学纪言无意中看到。从秋千上摔倒并落下了残疾之后，段小沐却不仇恨杜宛宛，反而希望两人和解。但杜宛宛从郦城转学到了落城，与表妹唐晓一起长大。后来，纪言到落城读大学，重逢杜宛宛，想尽各种办法劝说她回郦城看望段小沐，在这一过程中，两人相爱。然而，杜宛宛误会纪言与唐晓的关系而独自来到郦城。在过去的幼儿园秋千旁，她与赶来的段小沐相见，两人终于成为好姐妹。之后，杜宛宛为了病重的段小沐，与段小沐爱慕的街头混混小杰子打交道，求他照顾段小沐，却被小杰子找机会强暴了。段小沐知情后心脏病发作而死。小说最后，杜宛宛趁着小杰子醉酒时打开煤气自杀和报仇。这是张悦然的第一部长篇小说，但小说的叙事结构却十分精巧，运用多重视角叙事，形成复调，从而生动而细腻地讲述了杜宛宛和段小沐之间友情的生长过程。在之后的长篇小说《水仙已乘鲤鱼去》中，张悦然依然表现了友情的力量，主人公璟和同学优弥建立了深厚友谊，后来，优弥甘愿为璟坐牢。

其二，同性爱、自恋的自然流露。根据精神分析的理论，其实每个人在童年期都会经历自恋、同性爱的心理阶段。"顺便说一句，关于同性恋，我始终觉得，爱就是爱，与是否同性没有太大关系，只有强不强烈的差别。"①

---

① 张悦然、杨葵：《内在的优雅》，《花城》2004 年第 5 期。

短篇小说《毁》中的男孩毁，曾经爱过男孩，现在又爱"我"。长篇小说《誓鸟》中的中荷混血的美丽女子淙淙对春迟的同性爱更加炽热。自恋倾向也是童年期爱欲、远古时期爱欲的表现，《水仙已乘鲤鱼去》中，"水仙"这一中国古典意象经过张悦然的化用，掺入了希腊神话里与美少年纳瑟斯相关的自恋含义，在小说中象征着美丽、独立的女性。

其三，艺术和美的崇拜。张悦然早期小说中许多人物都是艺术家，从事绘画、音乐、文学是他们的生活方式，而艺术是爱欲的升华。《毁》中男孩"毁"是学绘画的，女主人公爱上他，是因为他"很多黄昏在我的中学对面画教堂"。《葵花走失在1890》中的向日葵"我"，爱上了画家文森特·梵高；《竖琴，白骨精》中小白骨精把自己的白骨奉献给乐师丈夫，制造出各种精美的乐器。可见，张悦然在写爱情的奉献精神时，把对艺术和美的崇拜融入其中。

其四，幻想和记忆的重要作用。张悦然小说的幻想性，从一开始就被评论家们指出。其实，幻想与艺术一样是爱欲的充分满足的形式。而记忆能超越时间和困苦，长篇小说《誓鸟》把"寻找记忆"演绎成"精卫填海"般的神话。春迟失去记忆，后半生往来中国与南洋之间收集贝壳，刺瞎双眼，拔去指甲，矢志不渝地从各种海螺的回声中寻找失落海底的记忆。她的养子宵行，后来也走上了代母寻找贝壳与记忆的道路。"记忆之所以具有治疗作用，是因为它具有真理价值。而它之所以具有真理价值，又是因为它有一种保持希望和潜能的特殊功能。"① 对于张悦然来说，记忆也具有疗救作用，因为保留在内心深处的过去的爱欲，比眼前的现代爱欲更值得拥有。

张悦然从2008年开始主编主题书《鲤》系列，与早期相比，她小说创作变得相当低产，迄今只发表了十部短篇小说，以及创作多年、最近面

---

① ［美］赫伯特·马尔库塞：《爱欲与文明》，黄勇、薛民译，上海译文出版社2014年版，第10页。

世的长篇小说《茧》。这些短篇小说有八篇发表于《鲤》系列书，包括《好事近》《怪阿姨》《七点零一分》《家》《一千零一个夜晚》《老狼老狼几点了》《湖》《沼泽》；还有两篇《嫁衣》和《动物形状的烟火》发表于《收获》。她的这个创作阶段不妨称为《鲤》时期。

　　《鲤》时期，张悦然不再着重表现"爱"，而是直白地刻画"性"，一种没有爱的苍白的性。"许多年以后，坐在电脑前小心翼翼地书写着人与人之间微妙的感情，不肯让主人公轻易地说出一个'爱'字的我"①，张悦然如是说。《怪阿姨》中的女人苏槐，被父亲从小带到一个小岛上居住，与世隔绝，丧失了情感的感受力。父亲死后，苏槐回到原先的城市，希望找回叫作嫉妒的情感。她邀请唐璜同居，并定下协议，如果唐璜能够让她产生嫉妒而死，死后财产归他。于是，唐璜带不同女人回来做爱，苏槐都不能产生嫉妒。在唐璜丧失性能力后，苏槐又带回来一个年轻、强壮的男人。他们做爱时，唐璜自己却嫉妒而死。这部小说中出现多处性描写，直白、详细，甚至有色情意味和性的挑逗。然而，小说的性书写乃是反讽的，它仿佛一则寓言：在这个都市社会中，性自由、性放纵不要紧，谁只要一动情，只有死路一条。《一千零一个夜晚》的叙述者是个 20 岁的姑娘，她不可思议地看上了父亲的雇工杜仲，一个邋遢、潦倒的中年男人。原来她有一种特别的能力，"我会算命，用身体"。她一次次与杜仲做爱，也不断看到杜仲的人生来路。然而，她在意的是特殊能力的验证和性欲的满足，对杜仲只有性，没有爱。"他有意延长了序曲的时间，卖力地亲吻我的脖颈和耳垂，留下一道热烘烘的口水。他肯定以为我爱上他了。"叙述者显然对"爱"很不屑，语带讥讽。张悦然在《鲤》时期的其他小说，也大多存在白描式的性书写。不过，也可以看出，张悦然延续了早期创作的某些艺术特征。比如童话、传说的重写，但她此时主要是借用形式，故事的内核变了，她创造出属于自己的现代寓言故事。另外，张悦然仍偏爱

---

　　① 张悦然：《动物纪年表》，载张悦然主编《鲤·文艺青年》，上海文艺出版社 2012 年版。

"过"的叙事方式，以苍白得刺目、直白得惊人的性书写向我们展示着这个"成人世界"。传统的性道德坍塌了，性自由、性放纵在后工业社会中成为文明进步、宽容的象征，同时"爱"却成了稀有的、不合时宜的东西。

"80 后"终究不得不进入"成人世界"，长大了。然而，张悦然没有像郭敬明那样在欢呼中拥抱新的时代，也没有像韩寒那样在戏谑中逃避社会现实，她选择直面文明的转型，以表面上不动声色，冷静的、带有寓意的性书写，刻画出这一代人痛苦的心理转变。

首先，张悦然表现了这代人爱欲的狭窄化。爱欲本能以性本能为核心，但远不止性欲，力比多的灌注和投射可以制造爱情、亲情、友情。因此，后工业时代的性自由、性放纵并不是爱欲的解放，而是爱欲的衰败、狭窄化。"与解放了的爱欲所具有的破坏性不同，在垄断控制的坚固制度内部，性道德的松弛倒是有助于这个制度本身的。"① 性自由与统治秩序、顺服的个体密切相关。《湖》中的女孩璐璐在纽约和别人合租一个房间，却不放过每一个酒会，穿着晚礼服，踩着 10 厘米的高跟鞋，凑上去跟有来头的人物搭讪。这部小说表明，性自由的"成果"之一是，无数像璐璐一样出身底层的美丽、光鲜的女孩主动成为上流社会的玩物。另外，不仅性与爱情分离，亲情、友情也成了无源之水、无本之木。《嫁衣》全面展示了这样一个冰冷的无爱的世界。女孩绢结婚前夕，她留学时的同学乔其纱从悉尼回国参加她的婚礼。乔其纱与《湖》中的璐璐一样享受着性自由，在多伦多大学学习时便不停地跟男性约会。绢受其影响，也与几人发生了性关系，其中包括和乔其纱的男友黑檀偷情，这种偷情甚至延续到黑檀和乔其纱婚后，两人通过打电话怪异地做爱。绢回国后，与一个大她二十岁的已婚男人欧枫保持性关系。母亲得知后，以她世俗的眼光给绢找到了结

---

① ［美］赫伯特·马尔库塞：《爱欲与文明》，黄勇、薛民译，上海译文出版社 2014 年版，第 82 页。

婚对象。绢穿上乔其纱给的性感衣服最后一次去见欧枫，但他居然认为绢是谎称结婚来逼他。绢回到家后撕碎了那件性感衣服（表面上是家里的大黑猫干的，但更像是绢的行为），也撕碎了自己多年来对于爱情、友情的自我欺骗和幻觉。其实，绢一直沦陷于无爱的性放纵之中，从未真正地感受到爱情、友情和亲情。

其次，张悦然揭示了爱欲升华的转向。文明的建立与发展是通过压抑人的本能获得充足的能量，主要是通过爱欲本能的升华。后工业文明不仅为了解决生存物质的缺乏，还为了维持统治秩序，于是加大了压抑的程度，包括过去用于爱情、亲情、友情的爱欲能量也被极大地吸收。对于现代个体而言，爱欲的升华似乎只剩下两个方向：一是对工作的忍耐，二是对物质产品的迷恋。《家》里的裘洛和井宇同居生活了六年。裘洛一直没有出去工作，也没有实现作家理想。而在井宇刚刚升职后，两人却不约而同地离家出走了。表面上，两人的逃离不合常理。裘洛过着衣食无忧的精致生活，连家务活都由钟点工小菊打理；井宇刚升职，前途无量。然而，生活不能提供给裘洛一种爱欲的满足。一方面，尽管她没有出去工作，但同样感受到井宇身上所承受的压抑力量；另一方面，她厌倦了物质束缚的生活，她去过井宇的上司老霍家，那只不过是更加精致、奢侈的生活而已。"她在憎恶一种她渴望接近和抵达的生活。最糟糕的是，并不是因为嫉妒。她很快就放弃了把这些告诉井宇的打算，为了维系辛苦的工作，他必须全神贯注并且充满欲望地看着这个目标，动摇这个目标，相当于把放在狗面前的骨头拿走，愤怒是可想而知的，还有愤怒背后不可估量的迷惘与幻灭感。"可悲的是，这两个枕边人连交流的爱欲能量都没有了，裘洛不知道井宇已经"迷惘"和"幻灭"了，他在升职以后同样离家出走。

小说更深刻之处是，裘洛还有另外一层幻灭，即"艺术"的幻灭。"确实，有一种工作能提供高度的力比多满足，从事这种工作是令人愉快的。艺术工作是真正的工作，它似乎产生于一种非压抑性的本能丛，并且有一种非压抑性的目标。"① 裘洛原本有当小说家的理想，但她迷失在精致、舒适的物质世界里，同时又对很多小说作品失望，认为它们"虚伪"。"她也知道，自己对那些作者太苛刻了，但她也是这样要求自己的，所以她没有当成小说家。"《家》没有进一步探讨艺术的"虚伪"的问题，而《动物形状的烟火》给出了答案，它描述了落寞画家林沛的一次赴宴与受辱之旅。林沛是过气的画家，曾被画廊老板宋禹追捧又抛弃，不知为何宋禹突然请他赴宴。他到宋禹家后，处处受冷遇，直到碰到过去的情人颂夏才明白，原来是她新开了一间画廊，求宋禹邀请他来的。这部作品表现了艺术家在后工业文明中失去神圣光环之后的可悲境地。小说不无反讽地写到，当年林沛的一幅出色的肖像画被宋禹挂在客厅，一年后，送去拍卖，"以两万块成交，被一个卖大闸蟹的商人买走了"。艺术品已经沦为商品，顶多是一种奢侈品，而许多艺术家也沦为迎合市场的艺术家。也许这就是裘洛厌恶的艺术的"虚伪"。在这个时代，写小说也不能带给她"高度的力比多满足"。

再次，张悦然还捕捉到死亡本能的冲动。不同于早期小说中的"死亡"，那是"为爱而死"，死亡本能是爱欲本能的从属。在《鲤》时期，张悦然所捕捉到的死亡的冲动，已侵入爱欲的内部。《好事近》是同性恋题材，但已不是爱欲喷薄的写照。主人公女孩袁琪只能得到"性"，得不到同性恋人杨皎皎的爱。她暴瘦，甚至为了终止月经，服用少量雄性激素，她要让身体"死亡"。最后，她近乎疯狂，准备杀死杨皎皎。这部小说揭示了无爱的个体产生的死亡冲动，《家》《沼泽》《嫁衣》等小说还表达了对人作为种属的死亡的隐忧。裘洛、美惠、绢等女孩都讨厌小孩，不想过养育子嗣的生活。一个原因是爱欲的衰败让她们怀疑"母爱"的真实存在。裘洛看到女友袁媛抱起女儿轻轻哄弄，突然产生一个古怪的念头：

---

① ［美］赫伯特·马尔库塞：《爱欲与文明》，黄勇、薛民译，上海译文出版社 2014 年版，第 73 页。

"这个小女孩知道她妈妈的双眼皮是割的吗?"她觉得，"这个世界从一开始就在说谎，连母亲，也是谎言的携带者"。裘洛陷入了对这个世界的深深的怀疑之中，她认为"母爱"也是虚假的。另一个原因是不想让后代重复自己的痛苦。绢对自己的评价是平庸，而且认为她将来的孩子也会重复自己。"她是否也会像母亲一样，生下一个平庸的女儿? 对此，绢几乎是可以肯定的。"裘洛、井宇同居六年，不结婚，不生孩子，除了对自己的生活感到痛苦和悲观之外，恐怕也有对后代的未来生活的更大的悲观。

可以说，从早期表现偏执的"爱"到《鲤》时期书写苍白的"性"，张悦然的小说创作已经描画出"80后"这代人爱欲的衰败史。

第三节　人心的"荒芜"

周嘉宁与张悦然是《鲤》杂志书的搭档，2008年张悦然开始主编《鲤》杂志书，周嘉宁成为编辑团队中的文字总监。实际上，两人在文学活动上的密切关系很早就建立了。"二十出头的时候我遇见了张悦然、苏德和小饭他们这群可爱的人。"① 这些人因为参加"新概念作文大赛"而相识，后来又在网络上建立论坛，经常讨论文学创作问题，相互鼓励，实际上，他们不断地确认自我的写作者身份，从而在文学创作道路上相伴前行。

周嘉宁是2000年第二届"新概念作文大赛"一等奖获得者，之后出版了大量的小说作品，包括《流浪歌手的情人》《杜撰记》《撒谎精的时光宝盒》等短篇小说集，《陶城里的武士四四》《往南方岁月去》《天空晴朗晴朗》等多部长篇小说。与张悦然相似，在2008年参与编辑《鲤》杂

---

① 周嘉宁:《自序　写给纵情岁月》,《撒谎精的时光宝盒》,明天出版社2007年版。

志书后，周嘉宁也减缓了小说创作的速度。她从事文学翻译，在《鲤》《收获》上发表了一些为数不多的短篇小说。直到 2012 年、2014 年，周嘉宁在《收获》（长篇专号）上发表长篇小说《荒芜城》和《密林中》，她的小说创作发生了很大的变化和提高，引起评论家的关注。周嘉宁迄今的创作轨迹，不仅是从青春文学市场走向纯文学领域，而且小说主题从热情、充沛地表达爱转变为冷静、呈现人心的"荒芜"，也表现了当代文化巨变中"80 后"一代心理的"成长"。

对于早期大量创作、出版的青春文学作品，周嘉宁是"悔其少作"的，她认为"那时候真的写得不好"①，在自己的心中已经把这事"抹杀"，感觉当时是"出名早了也不知道要到什么地方去"②。实际上，周嘉宁在早期小说中感性、直觉地写出了自己的青春期经验，她几乎是激情澎湃地讲述"爱"，无论是爱情，还是友情。

周嘉宁早期的代表作是长篇小说《往南方岁月去》，小说以第一人称讲述"我"和好友忡忡在南方某城市的大学生活，当"我"去了北方工作和生活后，依然对"南方岁月"和忡忡难以忘怀。周嘉宁擅长营造小说的氛围，小说第一部分中充沛的雨水、郁郁葱葱的大学校园环境，以及第二部分中北方城市"无遮无拦"的环境，很好地烘托出主要人物在"青春期的巨大的爱与悲伤"③。

这种"青春期的巨大的爱"，首先表现在"我"与忡忡之间的友情。"我"与忡忡从初中时就是同学，她们之间亲密无间，几乎形影不离，用相互的名字作为取回所有密码的钥匙，甚至一起给暗恋的男同学写情书，憧憬爱情的她们为了知道"另一个嘴唇"的滋味，还曾互相接吻。她们一

---

① 吴越：《出名太早，不知向何处去——"80 后"周嘉宁与同龄英国作家乔·邓索恩共话"成名后"困惑》，《文汇报》2012 年 8 月 23 日第 8 版。

② 同上。

③ 周嘉宁：《代后记：往忡忡南方去——写给忡忡，写给 FLOWING》，《往南方岁月去》，春风文艺出版社 2006 年版。

起到南方上大学后，因为不是学习同一个专业，不在一个宿舍，"我"和忡忡见面次数少了，但她们之间的亲密和信任从未改变。

其次，"青春期的巨大的爱"还包括小说中"我"、忡忡、小夕等人的爱情。因为中学时恋爱是被禁止的，她们在大学里迫不及待又无所适从地冲向恋爱。作者借忡忡之口反思道，"恋爱方面，我们多少是有点残疾的，过去要得太多，希望得太厉害，是因为被禁止，到现在真的可以肆无忌惮的时候，多少就有点无所适从了"①。叙述者"我"也是无所适从的，既对中学时暗恋对象"小五"念念不忘，又在大学里交往了第一个男朋友马肯。但"我"与马肯恋爱，似乎就是为了品尝爱情的滋味。两人在校园的角落长久地接吻，马肯提出性的要求，"我"也没有拒绝，"我只是想尽早地变成女人"。实际上，"我"并没有真正爱上马肯，在小五来到南方城市后，她不久便与马肯分手了。忡忡的爱情更是激情澎湃，她不顾一切地爱上了一个作家J，常常逃课到J的家里，但J有心上人，并不爱她。忡忡对此并不在意，甚至幻想着在古代可以给他当小老婆。她找不到J之后，自己也离开了学校，被学校勒令退学了。另外，"我"的舍友小夕爱上了女孩艾莲。艾莲是个摇滚乐手，她常来宿舍找小夕，但"我"毕业离开时，小夕却告诉"我"一个秘密，艾莲其实喜欢的人是"我"。

在《往南方岁月去》的第二部分，小说的主题转向"悲伤"，表面上是因为"我"离开了南方，来到北方城市工作，内在的原因是"青春期的巨大的爱"消失了。"我"在北方城市见到了作家J，爱上了他，她感觉自己没有背叛好友忡忡，"而是我们两个人的爱，我与忡忡的爱叠加在一起"。然而，作家J似乎早已失去了爱的能力，他自己所爱的人离他而去，而他过去不爱忡忡，现在也不爱"我"，只是感谢"我"的陪伴而已。"我"曾挑衅地问他："抱抱我，然后呢，你敢跟我做爱么？"② 在北方城

① 周嘉宁：《往南方岁月去》，春风文艺出版社2006年版，第20页。
② 同上书，第190、218页。

市里，"我"感到孤独，辞去工作，也失去了爱。"我"跟理发师上床，故意激怒作家 J，还把他讲述忡忡死亡的小说删去，离开了这座城市。另外，"我"还听说小夕和艾莲的同性爱也结束了，小夕在父母的压力下不得不和男人结婚。在小说的第二部，忡忡的失踪是一个隐喻，象征着"爱"的消逝。"我"怀念忡忡，也是在怀念"爱"。

周嘉宁在时隔几年后发表的长篇小说《荒芜城》中，冷静地描摹了《往南方岁月去》第二部分中初见端倪的"爱"的消逝之后人心的"荒芜"。《荒芜城》是"京沪"双城记，但在周嘉宁的笔下，中国南北最繁华的这两座城都是"荒芜城"。小说的主人公和第一人称叙事者"我"，在北京工作三年后，回到故乡城市上海。她在一家咖啡馆打工，这时咖啡馆老板胖子告诉她，咖啡馆的常客外国人保罗先生去世了。因为这个不甚相关的人，"我"又和咖啡馆的同事大奇、微微等人相见了，同时，通过"我"的梦境和回忆，穿插讲述"我"在北京时与阿乔、小湘、麦克等人的故事。作者取名"荒芜城"，直指繁华都市中人心的"荒芜"，人与人之间的情感的冷漠，这样的城市是没有爱的荒漠。

其一，爱情的迷茫和虚无。叙述者"我"在北京与阿乔纠缠着，两人似乎相爱着，但阿乔也没有断绝和前女友小湘的交往。回到上海，"我"与大奇重逢，大奇多次把"我"带回家，但后来大奇提出结婚，"我"又无动于衷。"'什么是爱呢？'我问她，我竟然对这样的核心问题感到迷惘。"[1] 都市中的年轻人，似乎丧失了爱的感觉和能力，似乎只有在做爱的过程中才能短暂地感觉到"爱"的存在。"做爱对我来说并不是最重要的事情，我渴望的无非是人与人之间的贴近。简直可以说为了这样的贴近，就连做爱都可以。"[2] 叙述者"我"其实是毕业未久的年轻人，但对爱情和人与人之间的"贴近"已经心灰意冷到极致。在后现代都市中，当性爱褪

---

① 周嘉宁：《荒芜城》，上海人民出版社 2013 年版，第 120 页。
② 同上书，第 26 页。

去了神秘、神圣和道德伦理的色彩，爱情也变成了稀有的情感。

其二，亲情的消逝。小说中，家庭的温情几乎荡然无存。叙述者"我"曾怀疑父母早已不再做爱，阿乔也说过他的父母很多年前也分床睡了。"我"回到上海后暂住在父母家中，却一直在寻找合适的出租房，甚至"我"已失去了向父母倾诉在北京境遇的渴望。"所幸那个渴望倾诉的时刻很快就过去了，剧烈的痛感再次缩回身体的一隅。这才是我们家里人的性格，各自消化，像现在这样，我们坐在车里，望向三个不同的方向。只有这样才感觉是对的。"① 家庭内部，亲子、夫妻之间真诚的交流居然成为尴尬之事，"各自消化"才是"对的"。这种"对的"家族成员之间的关系如此不正常，却又普遍存在。当茕茕孑立、独自生活在上海的保罗去世后，他的妹妹接到咖啡馆老板胖子的通知来到中国，但却又在未处理完保罗后事的情况下不辞而别。

其三，人与人关系的冷淡和功利化。《荒芜城》这部小说的叙事线索是保罗去世，咖啡馆老板胖子为他筹办一次纪念活动。其实，保罗与咖啡店当年的店员本无太多的情谊，不过是一个常客。而叙述者"我"和当年的同事微微等人，也是无可无不可地参与这件事。而在这个纪念活动举办后，胖子告诉了"我"实话，他操办这件事实际上是因为咖啡馆快开不下去了，他想把库存的酒卖掉而已。因此，保罗的纪念活动这个叙事线索成为小说的一个反讽。人与人之间的关联是如此的松散，偶然和荒诞。

周嘉宁曾在短篇小说《让我们聊些别的》中，借人物之口表达了自己的文学观，她关注的是，"人，人本身的样子，人的心"②。而从《往南方岁月去》到《荒芜城》，周嘉宁写出了"人的心"在快速地"荒芜"，她的小说叙事者和主要人物已失去青春期的充沛的爱，变得近乎加缪的《局外人》中的"他"，对自己、亲人和他人都无动于衷。

---

① 周嘉宁：《荒芜城》，上海人民出版社 2013 年版，第 72 页。
② 周嘉宁：《让我们聊些别的》，《收获》2014 年第 1 期。

第四节　一种"大叙事"

张悦然、周嘉宁等"80后"作家，全面而细腻地描摹出这代人爱欲的衰败和人心的"荒芜"。"80后"的这种"成长"和心理结构的变动是十分艰难而痛苦的，同时，他们的青春叙事也折射出时代文化和伦理变迁造成的社会病症。相比而言，前辈人遭遇时代文化巨变时人格结构已经比较稳固，他们调节自我、适应社会变化的能力更强；而比"80后"更晚生的后辈人，他们人格的形成也许受后工业社会操控了，很可能感受不到文化巨变过程中个体的心理动荡的痛苦。因此，"80后"对于情爱的书写和自我心理的呈现并不是"寄望于个人情感和小技巧"的"小叙事"①，而是反映重大社会现实的一种"大叙事"。

而且，在书写了爱欲的衰败史之后，张悦然和周嘉宁都在寻求拯救之道。周嘉宁最新的长篇小说《密林中》凸显了女性主体意识。这部小说以聚焦主人公阳阳的第三人称叙事。她在读大学时被天才摄影师大澍吸引，于是与男友分手，从学校搬出去和大澍同居。但大澍既有艺术天才，也有大男子主义，阳阳需要在日常生活中照顾他，而无法实现自己的写作理想。阳阳不得不与大澍分手，后来与一位过气的中年作家山丘在一起。虽然中年作家山丘温文尔雅，但阳阳无法尊重和爱上这样一个没有多少写作才华、浪得虚名的作家，最终也离开了他。小说最后，阳阳获得了一个小说奖，然而她的人生和写作的困境并没有真正得到解决。"《密林中》这部长篇，在恋爱、成长、迷茫的生活等等这些经常出现在以往作品中的叙述

---

① 陈晓明：《小叙事与剩余的文学性——对当下文学叙事特征的理解》，《文艺争鸣》2005年第1期。

之外，多出了一个年轻写作者的自我意识和野心。"① 周嘉宁一直从自己的经验中提炼写作的主题，在这部小说中更是表达了作为女性写作者在现实社会中面临的困境。小说中，阳阳在获奖演说中说道，"对自己性别深深的失望"，"说到底，男人才是天生与世界发生连接的性别群体，而女人呢，多少都是通过男人才能和这个世界发生联系的"，"野心勃勃地想要与世界连接，却被困于一个女性的思维方式里"②。这一个长篇大论的获奖演说，显然是周嘉宁自己从事写作后深痛的感悟和反思。虽然小说中与阳阳同时获奖的一位男性写作者不无嘲讽地对她说，"女人到了某个阶段都喜欢谈论波伏娃"，这也可看作周嘉宁的自嘲，但她对女性主体意识的表达，也不失为摆脱虚无、直面社会现实的自我拯救。

张悦然在短篇小说《家》等作品中写到城市青年"出走"与自我拯救的问题。她的这些创作探索试图说明，这代人应该有所行动，并从行动中拯救自我。虽然张悦然说："我没有呈现社会全景的野心。我会努力让自己小说的视野更宽广，但我不会放弃个人化的表达。"③ 但是，张悦然坚持的"个人化"写作，不是写日常生活的小感触和自我的小悲喜。她刻画"80后"成长过程中的精神创伤和心理变动，实际上书写了当代人本身的历史，当然也折射了中国的社会、文化变迁史。同时，由于"80后"在文化巨变时心灵痛苦的强烈性，他们也具有比较强的反思意识，反思与行动可能让他们成为历史的主体。从这一意义上说，"80后"由拒绝成长到认同现实并不是真正的成长，当他们成长为具有反思意识、敢于行动的主体时，才是真正的成长。

张悦然的《家》引起了同为"80后"的青年批评家杨庆祥、金理等人的浓厚兴趣和深入讨论。《家》是一个比较复杂的文本，其中裴洛和井

① 张新颖：《序》，载周嘉宁《密林中》，广西师范大学出版社2015年版。
② 周嘉宁：《密林中》，广西师范大学出版社2015年版，第236页。
③ 张悦然、霍艳：《"80后"的文学对话——霍艳访谈张悦然》，《中国图书评论》2013年第7期。

宇的出走和自我救赎成为讨论焦点。杨庆祥认为裘洛和井宇的出走是当代"小资产阶级"的幻灭和自救，但他们出现在四川地震的志愿者之中，又说明这种自救的限度，地震结束后他们很可能回到结构森严的社会。"张悦然由此触及到我们这个时代最有症候性的命题，那就是，在社会结构没有发生根本性改变之时，任何个体的解放都可能是有限度的，它不得不借助历史的偶然性。"① 金理对这种自我拯救的方式也持否定的态度，甚至认为《家》在某种程度上类似冯小刚电影《唐山大地震》这样的大众文艺，"在个人与集体、社会之间建立协调整合的途径，它反映了主流社会的价值与危机，同时通过巧妙的情节安排为危机提供想象性的解决，这种想象性的和解转移了地震或以地震为表征的社会危机"②。

然而，小说中的其他细节又似乎表明，不应该太重视救灾对自救的作用，救灾只是裘洛和井宇自我拯救之路的插曲。裘洛的出走目的是希望过一种"有节制的生活"。小说没有展望什么是"有节制的生活"，但已经告诉我们裘洛所拒绝的生活，那是一种物质的生活，没有真正艺术的生活，也就是没有爱欲满足的生活。甚至，裘洛觉得自己在与井宇的两性关系中都可以被替换。她离开时想象，"他会花多少时间来找到下一个有好感的姑娘。他会花多少时间来和她约会。他会花多少时间和她上床直至住在一起。当然，许多步骤可以同时进行，也可以省略。这符合他注重效率的做事风格，何况在他的性格里，也的确非常决绝的一面"。在后工业社会，物质与"效率"已经压倒一切，因此裘洛想过的"有节制的生活"，应该是一种节制物质、不盲目追求效率的生活，是可以获得充分的爱欲满足的生活。而井宇在救灾之前，"本来是打算去西北当乡村教师"，因此，他离开物质化的大都市，去西北乡村帮助他人，也是为了获得爱欲的满足。他

① 杨庆祥：《当代小资产阶级的历史意识和主体想象——从张悦然的〈家〉说开去》，《文学评论》2013 年第 2 期。
② 金理、黄平等：《惊醒与出走之后——关于张悦然小说〈家〉及当下青年文学的讨论》，《百家评论》2014 年第 2 期。

们去四川救灾，是因为灾难对生命的剥夺，能够直接和强烈地激发他们的爱欲本能。

所以说，张悦然依然立足于人的心理问题来探讨现代个体的解放，她寻找着能够释放爱欲的生活方式。《老狼老狼几点了》也是一则改写童话故事而焕发新意的现代寓言。"老狼老狼几点了"这个带有童话色彩的游戏风靡世界各地的幼儿园，促进儿童对钟表、时间的认识。张悦然对它的改写是为了反思时间的被规划，反思现代时间观念对传统社会和人的改变。小说中，村庄里的人曾经没有钟表，遵循自然的节律生活，一个叫老狼的人戴着手表来到村庄之后，时间逐渐统治了村庄，人们拼命地向前奔跑。但叙述者醒悟了，他要把自己和爱人密封在屋子里。"相信我，只要我们能把时间挡在外面，就可以永远相爱。"这一情节的寓意是，为了唤醒爱欲，需要放弃对时间的规划和追逐，也就是放弃追求"效率"的生活。

另外，张悦然还尝试接续传统亲子之爱。《动物形状的烟火》中，画家林沛准备离开宋禹家时，看到宋禹收养的小女孩很像自己过去的模特兼情人茵茵，怀疑她是自己的女儿，又见她受宋禹的胖儿子欺凌，决定带她走。但最后林沛却被小女孩和宋禹的胖儿子合伙捉弄了。小说细腻地描写了林沛内心爱欲的复苏，不过反讽的情节也反映出作者的悲凉和悲观。赫伯特·马尔库塞是乐观的，他把爱欲的解放视为人的解放的途径，认为后工业文明一方面极大地增加了对人的爱欲本能的压抑，另一方面随着生产自动化的发展，也为爱欲的解放、非压抑性的社会的建立提供了可能性。也许这就是文学家与思想家的区别，张悦然不会提供论证严密的解决之道，而且更多地向后看，试图接续传统的爱欲，但她同样是反思后工业文明，追求现代个体的解放。

由于这代人的心理变动与文化巨变的内在关系，虽然张悦然、周嘉宁等作家并不力图"呈现社会全景"，坚持"个人化的表达"，但她们的创作实绩表明，"80后"的成长叙事不是所谓的"小叙事"。它能够触摸人本身的变迁史，直面当代最根本的社会问题，可以发展成为一种"大叙事"。

第四章　原子化个体与家族身份的认同

　　"80 后"这代人成长于现代化、市场化、城市化突飞猛进的新时期，被学校教育、各种意识形态逐渐召唤为"现代个体"，他们崇尚个体的自由、自主，又陷入孤独和迷茫之中，成为后工业时代的"原子式的个体"。在这一过程中，"80 后"也与自己的家族产生了复杂的关系。

　　一般而言，在童年和青少年时期，"80 后"的生活和成长还浸润在家族文化之中。家族文化在 20 世纪中国的启蒙思想的冲击下，形态和功能发生巨大变化，但并没有完全消亡，是中国传统文化的重要的现实遗留。巴金小说《家》与陈忠实小说《白鹿原》所描写的"封建家长制"的大家族在社会现实中确实不复存在，但基于血缘的亲戚关系和人际交往，在当代中国社会依然发挥着不可忽视的作用。"80 后"的童年依然成长在这样的松散的家族中，父母的地位和家庭内部关系自然最为重要，而（外）祖父母、叔叔、婶娘、姨夫、姨娘、舅舅、舅妈等长辈，同胞兄弟姐妹、堂（表）兄弟姐妹等同辈玩伴，对于他们在童年和青少年时期的情绪、道德观念、自我认同等各方面的发展也具有很大影响。而当"80 后"进入大学，以及毕业后留在大城市生活，他们开始远离家族生活和家族文化，体验到现代个体的自由、独立，也品尝到后现代都市中难以克服的孤独。这时，他们根据自我的不同感受，重新审视家族文化，对自我的家族身份也产生了迥异的认同。

　　可以说，"80后"作家的青春叙事，在不同程度上、不同侧面表现了自己的成长与家族的冲突、交融，既有对传统家族文化的抛弃和批判，也有对家族温情的回忆与回望；既有对父母的"叛逆"，也有迷恋某个家族成员的"镜像"而发现自己；既有对现代城市生活中和谐家族关系的想象，也有在家庭破碎、重组后对继父母家族的艰难认同。"80后"作家对于家族身份认同的书写，显示了"现代个体"在中国社会的独特的形成过程和某些特质。

第一节　家族文化与"80后"的成长

　　"80后"作家对家族的亲情感受、对家族文化的认识和评价存在很大的差异。他们出生和成长的环境、接受教育的经历，以及其他独特的人生经验，都是造成这种差异性的重要原因。

　　早期"80后"作家中，李傻傻表达了自己对家族文化的认识转变。他在散文《一九九三年的马蹄》中写道，自己从初中起就被爷爷教育要好好读书，这不仅是农家子弟的出路问题，还涉及家族荣誉：一是他父亲当年上大学的推荐名额被村支书的儿子顶替，二是"打破我们家的人不能上考场的传说"。但上了大学，他却渐渐感受到家族文化造成的心理压迫，每年的学费都是亲戚凑的，而他觉得亲戚们好像在投资。一方面，亲戚们希望将来能从他那里获得利益和好处。李傻傻认为自己的家族亲戚们，作为中国的农民，对权力既崇拜、敬畏，又充满渴望，而他们对他这个大学生有所期待，他就需要承担许多"家族的责任"，给予亲戚们实际的利益回报。另一方面，亲戚们还要求情感的回报。他发现在他心中亲戚们资助他上大学一事慢慢成为"道德之重"，不仅是钱的问题，"现在抽象到了道德的高度。每次回家，我必须以晚辈的身份感恩的身份去看望他们"①。因而，他不愿意再回故乡，不愿意面对家族。他后悔接受家族亲戚的资助，觉得还不如申请助学贷款，"因为那只是经济上的利害关系，我背负它依然能够健步如飞，所有的阻扰终将破碎"②。这种改变的主要原因是李傻傻接受了现代思想，愿意做一个"现代个体"、独立的"经济人"，而不愿承担"家族责任"、讲"人情"。家族文化中有着独特的"义利"逻辑，家族的形成与存在其实跟生产互助、经济往来是密切相关的，亲戚之间可以提供人力的互助，可以提供低息、无息甚至无偿的资金支持，但其中"人情"起着不可替代的作用，人情是这个群体的黏合剂，也是提供帮助的参考，给予资金的担保。在家族中，"情义"和"利益"纠缠在一起，不可分割。然而，现代经济结构和组织却无须甚至排斥"人情"因素进行运转，人与人的关系可以变为纯粹的经济性质，不涉情感。李傻傻对比"亲戚们的资助"和向银行"贷款上学"两种方式之后，倾向于后者，他宁可"支付利息"，而不愿意"感恩"，让自己去"承受着不能承受的道德之重"。作为农家子弟，李傻傻对家族文化的感受是丰富的，他曾经有"家族荣誉感"，也怀念爷爷、奶奶、母亲、妹妹等家族成员曾给予他的温情，但他最终摒弃了家族文化，远离了家族。

　　从传统文学期刊起步、获得纯文学界较大认可的"80后"作家甫跃辉，在短篇小说《朝着雪山去》中，对家族文化与个体成长的关系也有类似的写照。主人公关良来自湖南农村，以当地高考文科第一的成绩，进入上海某著名大学，但他入学后却以打游戏度日，不上课，不谈恋爱，天天把"没意思"挂在嘴边。临毕业，关良也不找工作，宣称要去拉萨，很可能是"骗"了许多同学的钱。后来，叙述者听说了关良堕落的原因。关良考上大学后，家里请客吃饭，父亲患重感冒了，也拼命陪亲戚们喝酒。"但不喝酒又不行，那些人都是要给他家钱的，没有他们的资助，他根本

---

① 李傻傻：《一九九三年的马蹄》，《被当作鬼的人》，东方出版中心 2004 年版。
② 同上。

上不了大学。"看见父亲在后院呕吐，"他一下子觉得读书是那么低贱的事儿，考上名牌大学又怎样呢？""工作了又怎样？""他就要活得自在，活得像个人……"① 对于关良走向堕落、虚无主义的原因，小说似乎表现得不够充分，那场宴请只可能是导火索，家族中的人情纠葛应该更多，否则关良不至于产生"一种复仇的心态"，且发生思想的巨变，要成为"活得自在"的人。不管如何，关良也摒弃了故乡和家族，甚至放弃了勤奋向上的旧我，"成长"为一个无根、无责任感、无追求的人。

李傻傻、甫跃辉等"80 后"作家在某些作品中反思了家族文化，但他们在创作中并没有过多地表现自我的成长与家族文化的冲突。一是，因为现代文学史上存在很多反抗大家族封建专制、颠覆家族文化的作品，中国相关的思想革命早已完成。二是，由于市场经济、城市化的进一步发展，现实中的家族变得十分松散，包括农村中家族文化也越来越稀薄。三是，"80 后"作家在故乡度过童年和青春期时受到家族的较大影响，但之后他们绝大部分人由于求学、就业等原因不断迁徙，实际上已远离家族，在新的城市生活，他们面临着城市中的生存及相关文化、心理问题。然而，当他们完全抛弃家族文化，享受着"现代个体""经济人"的独立与自由时，也将感受到孤独、绝望、迷茫和虚无。李傻傻的长篇小说《红X》、甫跃辉等人的城市小说都表现了这样的精神痛苦。

因此，"80 后"青春叙事中出现了相反的主题，春树、颜歌、笛安等人从大城市生活中开始回望家族成员交往的温情，思考家族对于自己成长的意义。春树的长篇小说《北京娃娃》《长达半天的欢乐》《2 条命：世界上狂野的少年们》等作品，描写了后现代社会中青少年亚文化群体的生活，林嘉芙、春无力、遇断、好孩子楠楠等主人公和其他人物，逃离学校、叛逆父母，在城市的酒吧、迪厅、音乐节上聚集，他们追求所谓的自由，放纵自我，自甘堕落和边缘化。然而，在春树的内心，还念念不忘那

---

① 甫跃辉：《安娜的火车》，北京十月文艺出版社 2015 年版，第 303 页。

绚烂、简单而幸福的乡村生活。她小时候在山东老家生活，到小学三年级时才回到居住在北京的父母身边。但她觉得自己和弟弟相比反而是幸福的。"他对我们的故乡没有一个直观的感受，他还没懂事就来到北京上幼儿园和小学了，而我在老家待到小学三年级。我想我还能算得上是一个幸福的人。我的'内心深处'还是有'寄托'的。"① 春树内心深处的幸福和寄托，主要是对乡村中人与人的温情，尤其是浓厚的亲情的感受和认同。"成长于这样无私的爱中的我，长大之后再也无法感到满足，无论别人怎么爱我，我都觉得无法和童年时代的亲情之爱相比。"② 而且，林嘉芙们的叛逆和投入亚文化，也由于从乡村到城市的心理巨变。"我在像大森林一样永远绚烂多姿的家乡从未感觉到孤独。来北京之后我变了很多，变得怯弱胆小，那个没有更多亲人的城市就像一头灰色的巨大的怪兽要一口把我吞下。"③ 家族的亲情在新的城市中难以寻找，孤独、敏感的心灵产生了，亚文化群体成为春树寻求爱与温暖的替代物。因此，春树的"叛逆"的青春叙事中，潜伏着对家族的认同和对亲情的渴望。她的随笔集《抬头望见北斗星》和"自叙传"色彩很强的长篇小说《红孩子》，多次穿插叙述了美好的儿时故乡记忆，以及成长过程中洋溢着家族温情的回乡之旅。

笛安、颜歌直接讲述起家族故事，表现青少年在家族中的成长。笛安出生于太原，中学毕业次年到法国留学，回国后在上海、北京等一线大城市工作，生活。她的"龙城三部曲"《西决》《东霓》《南音》讲述了堂姐兄妹三人在北方工业城市"龙城"的家族中一起成长的故事，获得了青少年读者的追捧。颜歌出生于郫县郫筒镇，考入四川大学后一直生活在成都。她在美国做访问学者时创作的《我们家》，获得了纯文学界的广泛赞赏。这部小说以身患精神疾病的女儿段逸兴为叙述者，以奶奶要过八十大寿这一家族盛事为叙事线索，讲述了爸爸、妈妈、爷爷、奶奶、大伯、姑

---

① 春树：《抬头望见北斗星》，东方出版社 2004 年版，第 120—121 页。
② 春树：《红孩子》，二十一世纪出版社 2007 年版，第 84 页。
③ 同上书，第 20 页。

姑等几乎所有主要家族成员的故事。他们每一个人都有自己的隐私和私心，但还是把亲情放在第一位的，维护着家族的和谐和团结。笛安、颜歌等人的人生经历和小说创作表明，市场化、城市化、全球化后家族文化在中国社会中重新焕发出魅力。"80 后"青春叙事也从远离、反思家族文化走向回望、想象家族温情。

另外，张怡微的许多小说讲述了主人公在破碎的原生家庭、复杂的重组家庭中对家族身份的艰难认同过程，表现了一个从幽怨、柔弱到宽容、同情、理性的现代个体的成长。

第二节　温情家族的想象

笛安是纯文学界和青春文学市场都认可的"80 后"作家。她是当代著名作家李锐、蒋韵之女，出生和成长于太原，在法国留学期间开始写作，2003 年年底在《收获》发表处女作中篇小说《姐姐的丛林》，2004 年、2006 年又在《收获》（长篇专号）发表《告别天堂》《芙蓉如面柳如眉》。这两部长篇小说被春风文艺出版社看中，作为"布老虎青春文学重点书目"推出。之后，笛安加盟郭敬明的最世文化公司，她的长篇小说《西决》在《最小说》连载后发行单行本，成为畅销书。2010 年笛安也凭借此书获得第八届华语文学传媒大奖"年度最具潜力新人"。从此，笛安不仅得到普通青年读者的追捧，而且成为批评界的热点。她又创作了长篇小说《东霓》《南音》，与《西决》并称"龙城三部曲"，以及历史题材长篇小说《南方有令秧》。笛安体现了"80 后"青春叙事的复杂性，她在青春叙事中糅合了许多传统文学因素，情节跌宕起伏，人物生动鲜活，在讲述青少年成长的精彩故事的同时，还渲染了对于故乡城市的乡愁。她把"活色生香"的现代个体的成长与看似不够现代的家族文化、家族伦理交融在一起，产生了奇异的文学效果。

笛安创作的重心一直在于表现青少年追求纯粹的爱情和完美的自我，她称为自我的"绽放"，她认同那些追逐梦想、不顾一切地成就自己的女性。"而她真正想要的，是在这些美丽的花丛里尽情地绽放自己，绽放了，生命才够绚烂，才能清晰地感觉到那种'自己'终究成为了'自己'的过程。"① 笛安根据这些"绽放"的现代女性形象想象着未来的自我，在她找到具体的"绽放"的方式之前，自我"绽放"的人生目标早已确立，她憧憬着自己变成"更美好的人"，变得"完美"。然而，这种自我的"绽放"理念，以及变得"完美"，不是道德意义上的自我完善，或者精神境界上的升华，而是追求和拥有美丽、爱情、天才、财富等光彩人生的标志物，表明生命绚烂，人生没有虚度。这是一种充溢着欲望冲动的现代自我意识，要无止境地追求"更美好"的自己，要拥有、享受人世间一切美好的东西。

笛安在处女作中篇小说《姐姐的丛林》中就塑造了一个自我"绽放"的"样板人物"——绢姨。绢姨第一次出现在家里，便让叙述者林安琪和姐姐林北琪惊艳"那种和我们当时的生活无关的妩媚"，姐姐说"她像费雯丽"，而"我不明白为什么有的人就可以活得这么奢侈——同时拥有让人目眩的美丽、一种那么好听的语言、过瘾的恋情凄凉的结局之后还有大把的青春——连痛苦都扎着蝴蝶结。太妙了"②。绢姨与日常生活无关、奢侈、让人目眩的人生是怎样的呢？她的美丽和妩媚似乎可以获得任何男人的青睐，而自己又一心一意地活得绚烂。她在外语学院上大学时，跟已婚男老师恋爱，自杀未遂被学校劝退，回到故乡又开始"在我们这个贫乏的北方城市绽放着"。她成为一家艺术杂志的摄影记者，还开了自己的个人摄影展；同时，凭借美貌、妩媚和艺术气质与一个个男人发生性关系，包

---

① 笛安：《灰姑娘的南瓜车》，《天涯》2010 年第 3 期。
② 笛安：《妩媚航班》，长江文艺出版社 2012 年版，第 17—18 页。

括林安琪的父亲林教授、中年商人"奔驰"、酒吧里偶遇的大学生、考林教授博士生的江恒。绢姨像暴风一样影响了家族成员和周围人之后,潇洒地去了法国,继续搞摄影,还跟一个比她小十岁叫雅克的法国男人厮混。

不仅如此,这部小说还讲述了第一人称叙事女孩林安琪,在绢姨的光彩照耀下,也开始追求爱情和"更美好"的自我。绢姨"启蒙"了林安琪的成长,随着她对绢姨的认同程度逐渐加深,终于"绽放"起来。林安琪看到父亲和绢姨搂抱在一起后,发现自己的童年结束了,开始思考男女的情爱关系。后来,她家里来了一位准备报考她父亲博士生的谭斐,十四岁的林安琪觉得"我喜欢上谭斐了"。其实,这种"喜欢"的产生离不开绢姨的作用,绢姨对谭斐的诱惑力让林安琪艳羡,"我知道她又赢了,现在的谭斐的大脑里除了我的绢姨,不会再有别的"①。虽然母亲一直撮合谭斐和林北琪,但林安琪一直没有把姐姐当成情敌,她误会着绢姨和谭斐的关系。在这个过程中,她对谭斐的爱不断加深。同时,她发现了自己在绘画上的天赋,因为爱情而失眠,便在深夜里创作,高中时她就在画展中大放异彩。林安琪起初不明白绢姨为什么"活得这么奢侈",却越来越像她,也可以为了艺术、爱情挥霍自己的青春。当谭斐在考博士的竞争中输给江恒后,林安琪终于不顾一切地投向了谭斐的怀抱。评论家何平认为,"《姐姐的丛林》写'纯粹却迷乱的爱'。在笛安的写作中具有原型意味——旧的隐秘的家族往事像病毒被带入年轻的成长,使年轻的生命成为'有毒的肌体'。"② 这种"原型意味"的"纯粹而迷乱的爱"像"病毒"一样传播,家族中年长者对年轻人成长具有深邃的影响和作用,实际上体现了自我认同的心理结构。弗洛伊德认为,自我是在一系列的认同中形成的,心理认同的生成和基础是自己与父母的三元关系。如儿子的俄狄浦斯情结,他把自己与父亲相比附,对母亲产生欲望。而在拉康看来,人的认同心理

---

① 笛安:《妩媚航班》,长江文艺出版社 2012 年版,第 24 页。
② 何平:《从把玩到追问的青春叙事》,《文艺报》2013 年 8 月 16 日第 2 版。

的结构产生在更早的时期，从婴儿对镜子中自己的形象产生认同的"镜子阶段"就开始了。"为此，我们只需将镜子阶段理解成分析所给予以完全意义的那种认同过程即可，也就是主体在认定一个影像之后自身所起的变化。理论中使用的一个古老术语'意象'足以提示了他注定要受到这种阶段效果的天性。""在这个模式中，我突进成一种首要的形式。以后，在与他人的认同过程的辩证关系中，我才客观化；以后，语言才给我重建起在普遍性中的主体功能。"① 人从对镜子中的"意象"认同开始建立"自我"的历程，以后将认同家庭成员、其他社会关系反射回来的"意象"，这种自我认同将贯穿一生。在《姐姐的丛林》中，绢姨显然就是林安琪自我认同的"意象"，促成了她的成长。这表明笛安的青春叙事结构与人的认同心理结构的同构性，她对成长的书写是深入心理层面的。

　　之后，笛安还塑造了许多类似的主要人物。如长篇小说《告别天堂》中的方可寒。这位在北明中学读书、年年考进前十的美丽女孩，穿着时尚，打扮艳丽。其实她是一个孤儿，独自一人住在停产的工厂区筒子楼里，为了养活自己和上得起学，竟然很早干起了卖淫的勾当，许多男同学成了她的客人。然而，方可寒也有勇气喜欢过去的邻居、现在的同学江东。又如长篇小说《芙蓉如面柳如眉》中的夏芳然，是一家叫作"何日君再来"的咖啡馆的美丽女老板。她吸引了无数男人，包括大学生陆羽平。然而，悲剧因此发生了，她被暗恋陆羽平的孟蓝泼硫酸毁了容。之后，夏芳然竭力忍受手术植皮的痛苦，同时与同情她的陆羽平相互折磨。她不放弃爱情的权利，"就算没有人要我，我也还是可以喜欢任何人，这说到底是我一个人的事情"②。笛安写出了毁容之后夏芳然的内在美丽，因为她还保持着对爱情的渴望和自我的尊严。笛安称之为"高贵"，"她灵魂深处一种我始料未及的高贵就这样不动声色地绽放出来——那完全是她自己的意

---

① ［法］拉康：《拉康选集》，褚孝泉译，上海三联书店2001年版，第90页。
② 笛安：《芙蓉如面柳如眉》，春风文艺出版社2006年版，第61页。

思"①。另外，这类人物形象还有"龙城三部曲"中的东霓、《怀念小龙女》中的海凝、《塞纳河不结冰》中的苏美扬，等等。她们都是既美丽、风情万种，又充满个性、生命力的自我"绽放"的人物。批评家岳雯把这些人物形象概括为"郝思嘉式的性格"，"在踏入成年门槛以前，多少年轻女孩儿曾经为费雯丽所演的那个既美丽又个性的女子着迷。不妨说，笛安的小说，是郝思嘉冲动的一再延续。"② 确实，笛安在小说创作中一直充满热情地表现"郝思嘉"式的自我"绽放"的女性，她们绽放着现代女性的光彩，美丽、独立、自由、自主、个性、爱情至上、自我中心……然而，不可否认，"郝思嘉"是文化工业的创造物，她光彩夺目的外表和不羁的性格带有男性欲望的投射，是误导女性自我认同的一个幻象。

实际上，笛安也逐渐对"绢姨们"这样的现代个体产生了反思意识。首先，她写到这些追求纯粹爱情和"完美"自我的现代个体，对于家庭关系的破坏力。在《姐姐的丛林》中，绢姨甚至不顾及姐姐的家庭稳定，与姐夫产生暧昧关系；她与中年商人"奔驰"谈婚论嫁时，还跟在酒吧偶然遇到的大学生发生性关系而怀孕，最终因为这次背叛而断送自己的婚姻。《芙蓉如面柳如眉》中的夏芳然，也是自我"绽放"和纯粹爱情的信奉者。她在中学是趾高气扬的班花，曾为了当上舞蹈队领舞，故意踢掉领舞女孩的垫子，弄伤她后取而代之。长大后，夏芳然也爱上了有妇之夫——罗凯的父亲，他最终离开了夏芳然，也离开了他的家庭，不知所踪。在追求纯粹爱情的现代人面前，家庭形式和伦理已经丝毫不能阻挡他们的脚步。

其次，笛安表现了以自我为中心的现代个体对其自身的伤害。《怀念小龙女》中的叙述者海凝曾是"问题少女"，十五岁的她爱上邻校的一个男生，为此纠结同伙，残忍地殴打了追求这个男生的女孩。她在故乡龙城变得声名狼藉，甚至第二年成为一起强奸案的受害者也得不到大家的同

---

① 笛安：《后记 北方有佳人》，《芙蓉如面柳如眉》，春风文艺出版社 2006 年版。
② 岳雯：《发现笛安》，《名作欣赏》（上旬刊）2013 年第 2 期。

情。父母带着海凝来到一个海滨城市，她在新的城市渐渐平复，并成为一个作家。然而，当她再一次面对爱情的时候，她背叛了好友小龙女，使用卑劣的手段破坏了小龙女与孟森严的结合。后来，小龙女遇到空难，不幸死亡，而海凝自己得了精神疾病，她自认"我是一个坏人"。海凝先后用暴力和背叛去获取爱情，不仅伤害了他人，也击垮了自己，陷入深深的懊悔和充满罪恶感的精神痛苦中。显然，笛安注意到现代个体追求自我"绽放"的矛盾之处和局限性。人人追求纯粹的爱情，不顾及他人，将造成道德伦理的困境。

再次，笛安表现了现代个体的孤独。短篇小说《请你保佑我》带有自传色彩，其中的叙述者一直把玩具小熊视为弟弟。"我的弟弟不是人，是一只玩具小熊。二十年来，他是我最亲的弟弟。我发誓要尽我全部的力量来保护他，因为我和他之间，血浓于水。"[①] 为了保护"弟弟"，她曾与男朋友发生冲突。短篇小说《宇宙》中的叙述者臻臻说，"其实我还有一个哥哥"。其实，她所谓的哥哥，只是母亲怀孕四个月便流产的胎儿。然而，在臻臻的梦里、幻觉中，哥哥一直与她相伴成长，从幼儿园到留学回国，直到她的未婚夫怀疑她与另一个男人交往。"臻臻们"的妄想症也许来源于"80后"一代成长中的孤单。"80后"也被称为"独生子女一代"，尤其是生活在城市中、父母在"单位"工作的"80后"，大多数是独生子女，他们的成长没有同胞兄弟姐妹的陪伴。另外，这种孤独更是后现代生活造成的孤独。笛安十九岁离开故乡和父母，去法国留学，体会到后现代社会中个体遭遇的强大的寂寞。"但是因为那种无处不在的强大的寂寞，就连放纵都带着一种空旷的回声。在国内的时候我憧憬过无数次这样没有任何约束的生活。可是后来却发现，你所感受到的寂寥，在你的放纵面前根本无动于衷。"[②]《宇宙》中的臻臻也是如此，她在苏格兰

---

① 笛安：《妩媚航班》，长江文艺出版社 2012 年版，第 238 页。
② 笛安：《你的华彩与宁静——留学散记》，《新作文》（高中版）2007 年第 1 期。

做交流生时感到"无边无际的寂寞",而且回国后也是一个人住在城市中央的"二十一楼的小公寓"。可见,笛安把这种孤独、寂寞的感受赋予了笔下人物。

那么,如何解决现代个体自我"绽放"的孤独体验和伦理危机呢?笛安在"龙城三部曲"中集中展开了对家族生活及其温情的想象,思考家族亲情对于现代个体成长的意义。"龙城三部曲"主要写郑家的堂姐兄妹三人,《西决》以二伯的儿子郑西决为叙述者,《东霓》以大伯的女儿郑东霓为叙述者,《南音》主要以三叔的女儿郑南音为叙述者,从不同角度、有延续性地讲述了自己的成长和家族里发生的大事。在《西决》中,笛安突破自己以往的创作,塑造了郑西决形象。他的父母在他十岁时去世,他成为三叔家的一员,他顺从三叔、三婶,包容桀骜不驯的姐姐东霓,爱护妹妹南音。他从师范大学毕业后,回到龙城当教师,他的理想是像三叔一样,承担维护家族的重担。他对闯荡世界的东霓说,"我只想平平安安地待在龙城,教一辈子书,然后照顾三叔、三婶、小叔,当然还有你爸你妈。""帮你们支撑好这个大本营,好让你们随时回来养精蓄锐,再战江湖。""要是我真的能做得像三叔一样好,是我的荣幸。"① 但西决很快碰到一件尴尬而痛苦的事,他的女友陈嫣居然是小叔当年师生恋的对象唐若琳,她打掉自己与西决的孩子,跟西决的小叔重归于好,结婚了。西决忍受内心痛苦,祝福他们,坚守住了自己的家族信念。

"龙城三部曲"中的东霓是"绢姨"式人物,她的美丽遗传自母亲——当年的"钢铁西施",但她的父母长期不和,因为父亲怀疑她不是自己的亲生女,而是她母亲当年为了调回龙城与领导偷情所生。童年创伤造成了东霓到处闯荡的艰辛生活和她的自私自利。在《东霓》中,东霓已从美国回到龙城,以智障的儿子为筹码,准备与丈夫方靖晖打离婚官司,争夺更多的金钱。为达到目的,她还不惜利用好友姜蕙和堂弟西决。后来,她爱

---

① 笛安:《西决》,长江文艺出版社 2009 年版,第 27—28 页。

上了冷杉，放弃了儿子的抚养权，与方靖晖离婚。这引起了西决的不满，他鄙视东霓是抛弃自己孩子的母亲。两人争吵中，东霓说出了西决真正的身世，他不是二叔二妈的亲生儿子，是奶奶做主抱来的人家的私生子，而且二叔二妈的死与他有关，二叔见到他的亲生父母登报的寻人启事后，心脏病突发去世，二妈随之跳楼殉情。"因为你这个人的存在，你的爸妈都不在了！""人生就是这样的，你什么都没做就已经糊里糊涂地手上沾了血，你不像你自己认为的那么无辜，不要再跟我在这里五十步笑百步了……"① 西决的家族信念遭受了一次重创，他报名去四川灾区当志愿者，离开了家族一年。东霓的自私、任性再一次显示了以自我为中心的现代个体对家族关系的伤害力。

"龙城三部曲"中的南音是家族中最受宠爱的人，她在大家的呵护下，缓慢地成长，但也大胆地追求了爱情，与苏远智"私订终身"。到了第三部《南音》中，南音与苏远智的情感产生了危机，苏远智的家庭一直敌视她，并且苏远智准备出国。而此时，西决为了转移自己的痛苦，正在照顾一个叫昭昭的学生，她是个得了血液病的病人，而且由于父亲的案子曾被仇人追杀。"哥哥是那么急着想证明自己没有被打垮，于是他用力抓紧了这个在他看来同样倒霉的孩子。"② 后来，因为医院没有及时地挽救昭昭的性命，西决居然开车撞倒、碾压了主治医师陈宇呈。西决被捕后，整个家族为了他不判死刑而奔走。东霓卖掉了自己的房子，南音去照顾受害者的女儿。西决最终被判刑二十年。在这个过程中，南音居然爱上了受害者的弟弟陈迦南，但还是回到苏远智的身边，准备举办婚礼。"明天，是我的婚礼。除了哥哥，我所有的亲人都会在那里。""明天，龙城，这个没有龙的城市，我的故乡就正式成为我的墓碑，我们都将终老于此。"③ 除了还是婴儿的郑北北，堂兄弟姐妹中最小的南音成长为家族

---

① 笛安：《东霓》，长江文艺出版社 2010 年版，第 200 页。
② 笛安：《南音》（上），长江文艺出版社 2011 年版，第 116 页。
③ 笛安：《南音》（下），长江文艺出版社 2012 年版，第 186 页。

和故乡的守望者。

然而，笛安对于温情家族的描写更多是一种想象，而不是体验。笛安谈论《西决》的创作动机时说，"对于我们这个年龄段或者更小的孩子来说，大部分都是独生子女，根本没有机会体验和兄弟姐妹们在一起生活的那种感觉。最早触动我的就是这个非常普遍的现象"①。"龙城三部曲"所描述的三个堂姐兄妹"在一起生活的那种感觉"是虽然他们经历了不同的成长之路，性格各异，尤其是东霓的性格对和谐关系具有破坏力，但他们始终相互关爱，不离不弃。然而，这种充满温情的家族成员关系超越了作者的体验，"我从不认为我写了一部家族小说，因为像我这样一个生在工业城市，度过了人际关系简单的寂寞童年的人，不可能对所谓'家族'有什么深刻的情感"②。笛安对家族的书写，一方面是想象个体在家族中成长的一次尝试，另一方面也是她受到传统文学影响的结果。她认为《红楼梦》是最完美的文学，而"龙城三部曲"中对家族生活场景的描写显然有《红楼梦》的影子。评论家李云雷曾质疑笛安对家族生活的描写，他把独生子女一代称为"孤独的世代"，"我们很难想象，独生子女能够对《红楼梦》中复杂的家族关系有切身体验，当然他们也会对父母一代的情感体验有所隔膜"③。其实，除了"80后"的"人际关系简单"，笛安还强调"生在工业城市"，独生子女只是强化、放大了现代个体的孤独。"西决这个人就是我的理想。在《南音》里，我把理想砸碎了。"④笛安釜底抽薪，取消了西决与家族的血缘关系，也取消了自己对温情家族的进一步想象。

归根结底，笛安更认同的是绢姨、东霓这样的充满活力的现代女性，

---

① 张志平、笛安：《〈西决〉：笛安的体验》，《山西青年》2009 年第 7 期。
② 笛安：《后记　我辞别了我出生的屋子》，《南音》（下），长江文艺出版社 2012 年版。
③ 李云雷：《孤独的世代及其奇诡的想象——读笛安的〈宇宙〉》，《名作欣赏》（上旬刊）2010 年第 7 期。
④ 笛安：《后记　我辞别了我出生的屋子》，《南音》（下），长江文艺出版社 2012 年版。

她们追求完美的爱情，勇闯天涯成就自我，演绎着一个个满足个人欲望的浪漫传奇，而为了维系、呵护家族而变得顺从、宽厚、容忍的西决，显得太传统了。

第三节 重组家庭的认同

近年来，张怡微"作为一个家庭伦理问题的关切者"[①]，创作的"世情小说"在海峡两岸皆获得较高的认可。在台湾，她成为荣获各种散文、小说奖的"文学奖作家"，而在大陆出版或发表了一系列上海工人新村题材、家族题材的中短篇小说和长篇小说《你所不知道的夜晚》《细民盛宴》等作品，被视为深具潜力的"海派"传人。其实，张怡微是从青春文学起步的"80后"作家，2004年十七岁的张怡微获得第六届"新概念作文大赛"B组一等奖，之后出版了散文集《怅然年华》和短篇小说集《青春禁忌游戏》、长篇小说《梦·醒》《下一站·西单》等青春文学书籍。2009年张怡微从复旦大学哲学系毕业，考入中文系读文学写作研究生，受到良好的写作训练，2012年她又去台湾政治大学中文系读博士，研究明清小说。在辗转求学的过程中，张怡微逐渐告别校园题材的青春文学，转而面向家族、市民生活创作。然而，她的许多作品仍具有青春叙事的特征。她自己曾反思，"写来写去写的还是包裹着世情外衣的青春小说"[②]。因为，张怡微在创作中一直反刍自身的成长经历，痛苦地纠结于父母不和、离异、再婚过程中自我的复杂情感和家族身份的认同。她在随笔《亲爱的人生》中说，"但归根到底，在情感上，我从未离开过生我养我的土地，我一想到

---

① 张怡微：《"有情"与"无情"之间——与〈细民盛宴〉有关的两点想法》，《文艺争鸣》2015年第6期。

② 张怡微：《我自己的陌生人》，华东师范大学出版社2014年版，第132页。

就会潜然的工人新村。我的早已分道扬镳的父亲母亲……""生活的锐度，生命的悲辛，统统借助故事内化为我心灵生活的一部分。"① 在破碎、重组的家庭中成长，张怡微"借助故事"，叙述了一个敏感心灵在情感和认同上的变与不变，体味着市民社会和家族成员的"有情"与"无情"。

张怡微在早期的校园题材的青春写作中逐渐增加着"单亲家庭"子女的成长叙事的成分。她最早的小说集《青春禁忌游戏》飘散着浓厚的青春文学气息，受到郭敬明"忧伤"风格的不良影响，"泪流满面"一词多次出现。小说集中的同名短篇小说《青春禁忌游戏》，叙述的是当时流行的"残酷青春"事件，少女未婚产子，少年们为此斗殴，伤人犯罪。其他的篇什大多是忧伤同学之间变幻的友情、若有若无的恋情，以及升学之后这些友情、恋情的消逝。值得注意的是《只此寒暄》，这部小说中张怡微初次涉及了"单亲家庭"问题，主人公莫微怀念着曾经的好友栾树和恋人哲平。当时，莫微与栾树的亲近和理解似乎与两人都来自单亲家庭有关，莫微只有妈妈，栾树只有爸爸。莫微心中保留着父亲离开的伤痛，她亲眼看着父亲提着两个箱子离开，关门时夹到了手指。"爸爸仿佛不觉疼的，莫微却咬着无名指，直到红色喷涌而出。"② 后来，她无法忍受恋人哲平对自己的伤痛的漠视，决定分手。小说中，"单亲"家庭背景对莫微的友情、爱情都有隐隐的影响。

对"单亲"伤痛的直接表现，是在短篇小说《只此寒暄》中只有主人公回忆友情和恋情时点到为止的一个细节。长篇小说《梦·醒》则描写了单亲、不和谐家庭的子女的成长轨迹和情感、心理变化。这部小说几乎平行地叙述了三个青春故事：一是维夏经常参加"微舍"网络和线下的活动，她在寂寞的成长中对童年玩伴男孩罗叙念念不忘；二是铮岩在母亲的安排下将要出国，此时却与女同学榆清发生恋情；三是肖遥和童杨这对好

---

① 张怡微：《我自己的陌生人》，华东师范大学出版社 2014 年版，第 8 页。
② 张怡微：《青春禁忌游戏》，东方出版中心 2006 年版，第 189 页。

友因为性格和家庭的迥异，又因为女同学何韵夕，日益疏远。三个故事之间松散的关联主要是一个名为"微舍"的网络社交空间，维夏曾是常客，榆清、何韵夕也先后加入。另外，英国摇滚乐队 Radiohead 的歌曲都吸引了维夏、榆清和铮岩。这部小说重点表现中学生游走于家庭、爱情、亚文化空间的隐秘的情感生活。主要人物的家庭大多数是破碎的或不幸福的，维夏的爸爸很早就离开她们母女，铮岩的母亲和居住美国的恋人藕断丝连，而肖遥的母亲去了日本后杳无音信。因此，他们在不正常的家庭环境中痛苦挣扎。爱情方面，维夏的单恋美好又痛苦，铮岩和榆清则品尝初恋的青涩和美妙，肖遥却没有感知到何韵夕的暗恋。而"微舍"这一网络社交空间给了维夏、榆清、何韵夕等人倾吐、交流的机会，获得一定程度上的情感慰藉。小说名为《梦·醒》，标明了叙事的走向，由美梦到惊醒。维夏最终在电视上发现了罗叙的踪迹，他参加了歌手选秀，而他的继父竟然是她的父亲。"她不敢相信自己的眼睛，不敢相信自己曾经如此信任的爱人竟然与她分享着同一个父亲。这个好继父抛弃妻女，竟然在大庭广众下被妄称为亲父。"[1] 维夏大骂他们是"骗子"，从此断绝了对父亲和罗叙的想念，也离开了"微舍"。同时，在家庭内部也有亲情和认同的"醒"，维夏理解了多年来经常哭泣和责骂自己的母亲，母女俩的情感加深了；而在铮岩的家庭中，因为父亲病倒，他的母亲不再与情人联系，铮岩也大胆地表达了自己对平时沉默寡言的父亲的爱，和睦温馨的三口之家回来了。这两种不同的家庭结局，一个是干脆的"恨"和情感、认同的断绝，一个是逆转的"大团圆"，都带有很强的戏剧性。

在长篇小说《下一站，西单》中，张怡微摒除了单亲、不和谐家庭的戏剧性突变和理想化的好转，开始细腻而写实地呈现单亲、不和谐家庭子女的敏感、幽怨的情感和认同心理。这部小说分别以林玮质、王乔、赵塬、蓝妮、罗安等主要人物为叙述者，主要讲述林玮质以及他们自己的关

---

① 张怡微：《梦·醒》，接力出版社 2008 版，第 212 页。

于家庭生活和校园恋情的成长故事。林玮质的童年和青春期是跟着姑姑一家在上海生活的，她的母亲在她很小的时候就去了美国，而她的父亲更换着不同的女人。在姑姑家里，林玮质产生了奇特的家族身份认同，"从某种程度上来说，在我童年的观念中，我姑姑就是我妈妈，而我爸爸还是我爸爸。我姑父反倒成了这个家里多余的人"①。后来，林玮质发现姑父当年曾经爱过她的母亲，所以姑姑痛恨母亲，父亲与姑父相见尴尬。高中时，林玮质与赵墌恋爱，却因为赵墌父亲对她家庭状况的歧视而主动分手。林玮质回到北京上大学后，在父亲的家里毫无认同感。"我去过他家，仿佛一个客人。因为他从任何一个抽屉中想要取出某个物体，我都不知道那将会是什么。这种生疏感，甚至远远超越我远在上海的姑父。""上海话叫'怨'，有时更能妥帖形容我对父亲不是爱也不是恨的强烈情感。"② 于是，林玮质毫不手软地挥霍着父亲的钱，在大学里聚集起许多排演话剧的同伴，期间她与罗安交往，但罗安也离她而去。这部长篇小说延续了张怡微杂糅家庭和校园题材的青春叙事特征，对主人公的心理进行了细密、写实的描写，但最终把林玮质的成长过程中情感和认同的痛苦，归结为"指望无情的人爱你"，显得有些肤浅。

实际上，张怡微早在 2007 年、2008 年在《上海文学》上发表《我真的不想来》《婚债》等中短篇小说时，就已经开始尝试"世情小说"的创作，着重描摹家族生活、市民社会中的人情。中篇小说《我真的不想来》写女孩罗清清十八岁了，但在家族中无力改变什么，外婆偏心，小姨刻薄，妈妈软弱，而她的父母早已离异，爸爸欠了两个月的抚养费没给，过年见面只给了她十元车钱。罗清清对家族亲情感到幻灭，同时觉得自己"真的长大了"。短篇小说《婚债》写罗肃准备和女友武月月结婚，但没有钱买房子。罗肃在父母离异后跟着母亲生活，这时母亲拿出平时节省下的

---

① 张怡微：《下一站，西单》，文化艺术出版社 2010 年版，第 44 页。
② 同上书，第 42 页。

十五万，又让他去找父亲，"说到底你毕竟是他儿子"。然而，他们父子之间已然冷漠，父亲答应给十万，却在划账前要求罗肃写张借条。这两部小说都有"钱"的细节，但"钱"的背后是"情"。市民生活需要精打细算，金钱、实利是市民阶层首要的考虑内容，然而家族传统文化又以亲情为先。张怡微在这两篇小说中把两者巧妙结合，以家族生活为视角描摹市民阶层，她书写有关金钱、实利的细节，反映"原生家庭"解体后子女与离去的父亲之间感情的淡化。

进入写作学研究生专业学习之后，张怡微有意识地告别了校园题材，从自身家族经验出发，大量地创作关注家庭伦理的"世情小说"。一是写作家族人物的前史。"文学写作专业时，王安忆教授在锤炼学生现实主义写作经验过程中，十分强调'人尽其责、物尽其用'"①。张怡微收集童年生活过的上海小闸镇、田林工人新村的资料，创作了长篇小说《你所不知道的夜晚》，叙述女主人公茉莉在上海市郊的成长。茉莉小时候被寄养在常州的外婆家，回家后觉得父母偏爱妹妹玫瑰，初中毕业后她曾到乡村插队，那时海员何宝荣常来看她。虽然茉莉并不喜欢何宝荣，最终还是无奈地与他结婚，离开工人新村的父母家。这部小说书写了主人公茉莉从 20 世纪 60 年代到 80 年代初的成长和婚姻，某种意义上也加深了张怡微对父母辈的理解和同情。二是，训练自己写作家族见面的场景，如"带男朋友回家""不愉快的婚宴"，后来发表了《爱》《丰年记》《哑然记》等相关作品。这些写作训练最终汇聚成长篇小说《细民盛宴》，"《细民盛宴》的成稿更像是我过去十年写作'单亲'题材中短篇小说的总纲"②。这部小说以家族成员相聚的一场场婚宴、家宴、下馆子等"细民盛宴"的场景，串联起父母离异的女孩袁佳乔的成长史。小说运用主人公袁佳乔的第一人称叙事，以散文笔调铺陈一场场宴席，写出了市民社会、家族中人情的褶皱。

---

① 张怡微：《我自己的陌生人》，华东师范大学出版社 2014 年版，第 4 页。
② 张怡微：《"有情"与"无情"之间——与〈细民盛宴〉有关的两点想法》，《文艺争鸣》2015 年第 6 期。

虽然这部小说的情节较弱，但作者出色地写出袁佳乔的心理变化，曲曲折折，千回百折，爱恨交织，细致描摹了她对父母、继父、继母、丈夫小茂的复杂的情感和家族身份认同。

首先，《细民盛宴》表现了女孩袁佳乔对原生家庭瓦解的忧伤和对父母的爱。袁佳乔的父亲是海员，是船上的厨师，常年在外。母亲在袁佳乔的童年时便有了婚外恋。后来的继父以教书法的老师的身份出现，终于有一天在她家留宿。"那天晚上，其实我挺想念我在海上的父亲，我觉得自己对不起他。在他不在家的时候，没有尽到阻止母亲犯错误的义务。"① 袁佳乔内疚自己的不作为，痛惜父母婚姻出现危机。其实在这一过程中，她感受到了父母之间夫妻情感的丧失，感受到母亲和继父之间真正的爱情。袁佳乔爱母亲，唯一能做的就是不阻碍她和继父的婚姻。她顺从地跟着母亲住到继父家，当晚产生了不可遏制的伤感，偷偷哭泣。"好像真正的结束是从那一刻才发生的，我、我父亲、我母亲，在我们活着的时候，再也没有了一个完整的家。而我们死时，也将分崩离析得属于三个墓冢，就像从来没有在一起生活过、亲密过、埋怨过。"② 父母离婚后，袁佳乔与父亲只有在红白喜事、过年的一些宴席上相见，但她同情父亲在庞大的袁氏家族中的卑微、自身的笨拙，努力忘却父亲对自己的忽视，仔细感受父亲曾给予的一些稀薄的爱。"我爱来爱去爱得最体面的，还是我那个糟糕的父亲，和我们早已灰飞烟灭的三口之家。"③ 袁佳乔无奈地面对"三口之家"的灰飞烟灭，然而一直保持着对父母的爱。

其次，《细民盛宴》也写出袁佳乔对重组家庭和对继父、继母的逐渐接受和认可。袁佳乔在爷爷病重、袁家人聚集在二伯家时，第一次见到后来的继母。上海话把继母念成"梅娘"。随着相处的次数增多，袁佳乔感受到她的"梅娘"隐忍、温婉的性情，既能包容父亲的口拙和碌碌无为，

---

① 张怡微：《细民盛宴》，《收获》（长篇专号）2015 年春夏卷。
② 同上。
③ 同上。

也能尽量善待她。父亲曾带袁佳乔去"梅娘"的弟弟家做客，父亲、她、继母、继母之子组合成"四口之家"。在"梅娘"娘家人面前，父亲和袁佳乔发生了小小的冲突，"梅娘"忍耐着娘家人同情的眼光。"细想起来，我'梅娘'真是厚道、伟大与坚强。这不禁令我想到自己在面对不尽如人意的婚姻生活时，常常幻想自己就是在效仿'梅娘'的处事。效仿她，甚至比效仿我的母亲来得更加经济实用。"① 多年以后，当袁佳乔与小茂的短暂婚姻结束后，她更加尊重"梅娘"，在父亲家，袁佳乔看似不经意地喊出一声"妈妈"。对于继父，袁佳乔心存感激。他在她高中时每个月接济她们母女八百元生活费，占了他工资的三分之一。他和她母亲正式结婚后，在二居室的家里给袁佳乔一个房间。可以说，在母亲的重组家庭里，袁佳乔的继父一直呵护她，展示给她最好的自己，其实，他的前妻、儿子痛恨着他。"他又怎么会知道，在漫长的严酷的岁月里，有时我们和继父继母照面，未必是最差的一种相遇。"② 而在袁佳乔的内心深处，对继父、继母的情感是"有限的爱和惘惘的哀愁"。"哀愁"是因为他们的存在让袁佳乔的"原生家庭"回不去了，"有限的爱"是他们的善待让袁佳乔产生了暖意和回报的意愿。

再次，《细民盛宴》还书写了原生家庭解体对袁佳乔自己婚姻的影响。袁佳乔和小茂是初中同学，大学时重逢，两人相爱是单纯的校园恋情。他们走向婚姻之时，便不得不接触到各自的家族，情感和关系开始变化。"我和继父的家族、'梅娘'的家族，我和我们袁家浩大的谱系都那么陌生而尴尬。在我尚未厘清那些寒凉的世情之时，如今又要贸然闯入小茂凛冽的伦理生活里，佯装娴熟地去适应里里外外，实在过于为难。"③ 父母离异的事实影响到袁佳乔在小茂家的地位，小茂的母亲对她视而不见，小茂的

---

① 张怡微：《细民盛宴》，《收获》（长篇专号）2015 年春夏卷。
② 同上。
③ 同上。

父亲直言不讳地说，"你爸妈的事，多少会让我们家里感到没面子。"① 而且小茂的父亲对她的陪嫁、将来带小孩等事宜一一提出条件。在这一过程中，小茂顺从他的父母，一味地鼓励袁佳乔讨他母亲的欢心，没有体会她的苦衷。后来，袁佳乔怀孕的胎儿发现畸形，她在引产后，也结束了自己与小茂的婚姻。小茂父母虽不是恶人，但他们对袁佳乔的家族历史包袱所带来的经济、脸面的考量，代表了市民阶层对离异家庭的偏见和歧视。

张怡微关切家族伦理的青春叙事呈现了"80后"作为现代个体的成长与传统家族文化的复杂关系。一方面，张怡微批判现代都市中市民阶层对金钱、实利的追逐，忽视家族亲情，变得自私、刻薄、无情。房子问题经常成为张怡微小说叙事的重要事件，老人的房产引起子女的争夺，老宅的拆迁成为整个家族最关心的事，甚于对老人的关爱。同样，年轻人结婚买房也往往沦为双方家族的较量。虽然说传统家族文化也有经济关系的基础，但商品社会揭去了家族温情的面纱，家族成员对利益的争夺变得赤裸裸和"理直气壮"，罔顾父母兄弟夫妻之情，甚至利用亲情达到目的。张怡微的"世情小说"揭示了大都市的市民阶层中家族亲情的凉薄。

另一方面，张怡微写出了"80后"对家族的新认识，不再唯血缘论亲疏，对继父、继母有客观、善意的评价和接受，对重组家庭有一定程度的认同，标志着更加宽容的现代个体的形成。不同于之前的中短篇小说只是表现"单亲"家庭中青少年的怨恨与忧伤，长篇小说《细民盛宴》是张怡微在创作上的自我突破。小说叙述者和主人公袁佳乔随着年龄的增长，逐渐与父亲和解。当父亲和"梅娘"结婚时，"我看着他，有点心疼，又有点陌生。有点觉得自己是多余的人，又有点觉得我是最应该祝福他的亲

---

① 张怡微：《细民盛宴》，《收获》（长篇专号）2015年春夏卷。

人"①。对原生家庭的爱是人的本能，而对重组家庭能够认同显示了袁佳乔的宽容和理性。当袁佳乔经历了自己婚姻的失败之后，更加同情、理解逐渐老去的"梅娘"。她喊出一声"妈妈"，是小说中感人至深的情节。总之，张怡微既批判市民阶层中家族亲情的消逝，又对当代社会中不断增加的重组家庭持宽容、理性的态度。

---

① 张怡微：《细民盛宴》，《收获》（长篇专号）2015 年春夏卷。

第五章　城市化与文化身份的认同

从 20 世纪 90 年代末开始，中国进入了城市化突飞猛进的社会发展状态。为了推动经济保持高速发展，城镇化在 2000 年前后上升为国家战略，在政府主导下，中国的城市化进程大大提速，城镇化率快速提高，原本"乡土中国"的面貌发生了巨变。城镇人口开始超越乡村，大中城市、超大城市、城市群不断增加，以消费主义、个人主义为特征的城市文化成为社会主导文化。另外，伴随着全球资本的流动和网络新媒介的兴起，全球化的影响深入中国人的日常生活。这一次的文化冲击比 90 年代初市场化的文化冲击有过之无不及。

在这一文化环境中，"80 后"一代人的文化身份问题逐渐凸显出来。此时，"80 后"一代正处于青春期或者成人早期，文化身份认同尚未定型，道德与价值体系仍处于未完成和开放形态。凭借网络新媒介，"80 后"一代可以从欧美、日韩的大众文化中获取一种想象性的现代文化身份，在幻觉中认为自己是自由的现代个体和"地球村"的居民。但由于政府对境外文化资本和传媒的限制，以及意识形态灌输的强化，全球化的文化影响相对于城市化而言是次要的，或者说包含在后者之中。更突出、更真切的文化身份认同危机是城市化造成的。众所周知，在这一政府主导的高速城市化时期，农民工群体遭受了不公平待遇，他们在"留不下的城市，回不去的乡村"的现实困境中有着身份认同的撕裂和痛苦。其实，"80 后"一代

（这一词汇通用的狭义中不包括农民工中的"80 后"）也并没有本质上的区别，他们或者通过接受高等教育在城市就业，或者本是城市居民，但他们同样难以获得理想的生活和自我的归属感。城市的畸形扩张、同质化、高房价，钢筋水泥的丛林世界，乡村的败落，多元而冲突的文化环境，让"80 后"一代延宕着文化身份的认同。

然而，对于文学创作者而言，文化身份的认同是极其重要性。无论是归依、颂扬，还是反思、批判，文学创作离不开基本的文化价值判断。没有价值判断将无法完成文学题材的选择与主题意义的建构。尽管文化身份认同并非一蹴而就、坚固不变，但形成相对稳定的文化身份认同是创作主体成熟的标志。面对全球化、城市化造成的物质现实与文化环境，"80 后"作家在文化认同上发生了危机和困惑。某种意义上说，他们通过青春叙事一直在探寻、想象、选择和整合着自己的文化身份。"身份认同源自对自我的叙述化，但这一过程的必然的杜撰性绝不会破坏它的推论的、物质的或政治上的功效，即使是归属性，即使是身份得以产生的'缝合进故事'部分地处于虚构假想状态（也处于象征符号状态），那么因此总是部分地构筑在幻想中，或至少构筑在幻觉领域里。"① 由于文学虚构，"80 后"的青春叙事对自我的叙述不可避免地带有强烈的杜撰性和幻想性，他们的文化身份认同也表现得曲折多变和形态丰富。

第一节 "80 后"青春叙事与城市书写

尽管校园是青春叙事中重要的故事空间，但"80 后"写作从一开始就溢出校园，表达了全新的城市经验。比如春树的《北京娃娃》《红孩子》

---

① ［英］斯图亚特·霍尔：《导言：是谁需要"身份"？》，载［英］斯图亚特·霍尔、保罗·杜盖伊编著《文化身份问题研究》，庞璃译，河南大学出版社 2010 年版，第 5 页。

等作品写出了北京的商业大街、百货大楼、军队大院与天安门带给自己的不同感受。郭敬明的《悲伤逆流成河》和《小时代》三部曲分别描写了上海的市井社会和繁华都市的侧面。笛安的"龙城三部曲"《西决》《东霓》《南音》则显露了对北方内陆城市太原的乡愁。颜歌的《异兽志》《声音乐团》《良辰》和《五月女王》等作品兼顾西南大城市和小城镇的变迁。"80后"作家不再热衷于表现乡土,绝大部分青春叙事作品是对城市生活的书写。

根据张惠苑对新时期城市文学研究的梳理,城市文学的定义有一个演变过程:"第一个阶段,是以题材作为城市文学定义的核心";"第二个阶段,是以都市文学概念的引进为标志"①。第一个阶段的城市文学定义比较宽泛,所有表现城市生活的作品都可称为城市文学。从这个定义来看,绝大部分"80后"青春叙事作品归属于城市文学,自然不成问题。而第二个阶段,研究者开始以现代性理论为指导,以都市文学概念互通或替换城市文学。其中,陈晓明认为,"……关于大都市的生活经验具有更强烈的城市感,小城市与乡村相去未远,其现代感并不强烈。正因为这些,城市文学也经常被称之为'都市文学'"②。他把"城市感"与"现代感"并置,突出了城市文学的现代性,而中国现当代文学史上的城市文学是断断续续和畸形发展的,包括90年代的城市文学也远未成熟和名副其实,在以往的革命、乡土、性别、市井的叙事中城市文学成为"他者"。那么,新世纪以来,伴随着现实中现代化进程冲溃"乡土中国","80后"作家是否写出了城市的现代性?新的城市文学是否已经兴起呢?这是一个十分复杂的问题。

首先,"80后"青春叙事把自我的成长与城市化交织在一起。多数"80后"作家出生于城市,或者由于求学、就业等原因离开故乡,逐渐安

---

① 张惠苑:《囚禁在现代性下的城市文学——对20世纪80年代以来城市文学研究的反思》,《宁夏大学学报》(人文社会科学版) 2013年第3期。
② 陈晓明:《城市文学:无法现身的"他者"》,《文艺研究》2006年第1期。

顿于某个城市，他们的成长与城市密不可分，城市是"80后"一代成长的现实环境。研究者郭艳认为，由于"80后"作家生活于城市，尽管当代中国各种文化形态并存，但在城市中现代和后现代文化占主导地位，传统、乡土的文化已经式微，因此，对于"80后"而言，"现代城市开始真正以故乡的方式存在"①。但"故乡"的指认并非如此简单，个体不会因为长期生活于某地就会轻易地认同某地为"故乡"，故乡必须建立在文化认同上。由于中国城市化的突飞猛进，城市面貌日新月异，乡村社会面临瓦解崩溃，"80后"作家无论来自城市还是乡村，在融入城市的同时，个体的自我也需要发生某种"城市化"，必须对城市文化、现代文化进行重新或进一步认同。陈晓明寄希望于青年作家写出真正的城市文学，"城市是属于青年群体的，因为只有青年群体才会把生活与行动，把爱与恨，把渴望与绝望，把进入与逃离都与城市全面联系在一起"②。青年批评家黄平认为，由于与城市的天然联系，"80后"作家与前辈作家不同，正在书写着城市，"这批和'改革'同龄、出生在城市中的青年作家的作品，正在以不同的艺术方式，描摹城市一代成长中的灵魂"③。然而，作为"城市一代"，"80后"作家在表现自己"成长中的灵魂"时，是否描摹出城市的现代形象呢？事实上，"80后"作家把自我的成长与城市紧密相连时，对自我的关注远大于城市描摹，大部分青春叙事作品中的城市形象仍是模糊不清的，其文化特性并不明显。只有少数"80后"作家在青春叙事的同时，着重描摹了城市的形象，比如郭敬明的上海描写、笛安小说中的太原、文珍小说中的北京，等等。而且，他们对这些城市的描摹及其文化特性的揭示截然不同。

---

① 郭艳：《代际与断裂——亚文化视域中的"80后"青春文学写作》，《中国现代文学研究丛刊》2011年第8期。
② 陈晓明：《城市文学：无法现身的"他者"》，《文艺研究》2006年第1期。
③ 黄平：《个体化与共同体危机——以80后作家上海想象为中心》，《南方文坛》2013年第6期。

　　其次，由于"80 后"作家对现代文化认同的差异，他们的城市书写也呈现出驳杂的面貌。现代性是现代社会区别于传统的特性，在社会生活的各个层面、各个领域具有不同的含义。现代性既包括社会历史层面上的政治、经济的现代化，还包括文化层面的启蒙现代性，以及文艺上的审美现代性。现代城市作为现代性的重要载体，是工业化、商业化，民主、自由，科技主义、消费主义、实用主义和个人主义的大杂烩；同时，审美现代性烛照出现代人无法消除的孤独和焦虑，反思了城市的污染、拥堵、扭曲人性等消极因素。"80 后"作家在现代城市中成长，但他们接受了现代文化的不同层面，他们对现代文化的认知显得复杂而迥异。青年批评家黄平把韩寒和郭敬明进行了对比，这两位知名的"80 后"作家都常住上海，但他们对上海的想象截然不同。来自四川省富顺县的郭敬明在《小时代》三部曲中，极力地描摹上海作为金融中心、国际化大都市的形象。人物活动的背景是陆家嘴的摩天大楼、黄浦江上的游轮、外滩的名牌店、恒隆、星巴克等场所。对于上海的都市景观的"近乎膜拜的赞叹"贯穿小说始终，同时，"大上海流光溢彩的景观，与主人公的生活没有发生真正的关联"[1]。因为主人公林萧、南湘等人，在现实中很难凭借同学友情进入豪门，这只是一场"上海梦"。而韩寒在小说中只描写上海的郊区，比如《他的国》中的亭林镇。他反讽上海世博会的口号，在博客中写道"城市，让生活更糟糕"，他对大城市并不亲近，宁可"在路上"。"韩寒的作品，标志着中国中产阶级的美学倾向与社会处境。"[2] 中国的中产阶级不能有效地参与社会政治生活，只能处于"游弋""游击"的状态。从文化认同角度来看，郭敬明对物质和资本的膜拜和艳羡，对经济全球化、消费主义文化的拥抱，是一种最世俗的现代性，缺乏反思的现代性。并且，他在《小时代》中描写顾里、宫洺的理性和冷酷，以及喝咖啡熬夜的"勤奋"，宣

---

　　① 黄平：《个体化与共同体危机——以 80 后作家上海想象为中心》，《南方文坛》2013 年第 6 期。

　　② 同上。

扬个人奋斗致富的"成功学"，也是对市场经济社会的新主流意识形态的应和。而韩寒在小说和杂文中，既对现实进行讽刺和批判，又有着随时逃离的姿态，实际上反映了启蒙现代性在后现代社会的困境。

"80后"作家对现代文化的认知差异，一方面是因为他们的城市生活经历并不相同，他们在大小、中外等不同城市中出生、求学和成长。比如，韩寒、小饭来自上海郊区，郭敬明从四川小城到上海读大学。笛安出生于山西太原，曾去法国巴黎留学，回国后成为上海最世文化重要签约作家。张悦然出生于山东济南，曾去新加坡留学，回国后在中国人民大学任教，居住北京。"80后"作家的出生、教育、成长经历影响了他们的文化认同。另一方面，在后现代文化环境下，文化身份的认知具有较强的可选择性。一体化的政治文化、传统文化解体后，主流意义形态的召唤变弱，在各种文化的吸引力下，"80后"作家对于文化身份的认同也变得杂糅、延宕。

再次，"80后"作家对现代文化的认知以及城市书写，一定程度上遮蔽了他们的童年记忆、乡土记忆，也阻碍了他们对传统文化、乡土文化、民间文化的认同和表现。由于长期的学校教育和城市生活，"80后"作家的文化认同中，现代文化占主导地位。对城市生活的书写，也构成了"80后"作家创作的主要内容和潮流。其实，"80后"作家的童年是在20世纪80年代和90年代初度过的，那时候中国还基本上保持着"乡土中国"的本色，城市化处于一种自然的、相对缓慢的节奏，乡村社会由于农村改革一度焕发出欣欣向荣的面貌。因此，"80后"作家还持有传统社会、市井社会或乡土社会的记忆。然而，城市书写的潮流以及现代文化的认知压制了"80后"对传统文化、乡土文化、民间文化的表现。

比如出生于湖南隆回一个小村庄的李傻傻，他在西安读大学时开始写作，起初活跃于文学网站，还被纯文学杂志《芙蓉》重点推出，他的《一个拍巴掌的男孩》等短篇小说收入马原主编的《重金属：80后实力派五虎将精品集》，长篇小说《红×》成为青春文学畅销书。除了列为"80后实力派五虎将"之一，媒体对李傻傻的美誉是"少年沈从文"。他的短篇小说和部分散文描写了湘西的小镇、河滩、山林，主人公大多是逃学、早恋、顽劣的少年，也有少女、放牛娃、妓女、杀人者等各色人物。李傻傻确实受到了沈从文的某些影响，他的这些作品带有沈从文笔下湘西的蛮荒、神秘之气，而缺乏沈从文笔下湘西的纯朴之风。

　　长篇小说《红×》的背景转换为西安城，但叙述者和主人公沈生铁仍是带有野性的乡村顽劣少年，他从校园中逃出，在城市中游荡，求生。沈生铁和班主任的女儿杨晓谈恋爱，带她看黄色录像。他用玻璃刀划坏学校许多玻璃，被开除了。于是，沈生铁不得不游荡在西安城里，跟混混们打架，在夜里到商店偷钱。期间，他跟另一个同学李小蓝同居，使她怀孕，带她流产。后来，沈生铁见到杨晓的母亲杨繁，居然对她欲望强烈。沈生铁寒假回来，杨晓去了母亲家，他很快把学费、生活费花光，突发奇想搞发明来解决生计问题。杨晓从母亲处回来，沈生铁跟她做爱，却发现她之前跟一个变态的中年人上过床。沈生铁的发明卖不出去，靠发传单挣钱。他再次见到杨晓，她却说要去德国留学。两人野合时碰到一帮混混，把他们打了，抢了他的钱、手机和自行车。杨晓要报警，他不同意，两人争吵分手。沈生铁买了一把刀，尾随那个领头的混混（美术学院的学生），捅了他许多刀。这部小说把青春期的性欲与破坏欲尽情倾泻，主人公沈生铁浑浑噩噩，顽劣而任性妄为，直白地索取性爱，轻易地付诸暴力，有一股来自湘西的原始的生命活力。然而，小说也写出了沈生铁的心理危机，他在西安城对湘西的认同变得越来越困难。一方面，沈生铁很小就离开了湘西。"我曾找来无数的书，南方的，湘西的。我想看看他们是怎么渔樵耕猎的，怎么啸聚山林的。"[1] 他还通过父母了解故乡，他的父母才是真正的湘西儿女。父亲当年用刀砍掉情敌的头，隐姓埋名当矿工，四年后母亲给他通风报信，带着儿子跟着他逃离故乡。另一方面，沈生铁的最终出路是

---

　　① 李傻傻：《红×》，花城出版社 2004 年版，第 188 页。

通过高考进入城市。他的母亲希望他通过读书能挣一碗饭吃。"妈妈什么都不让我干，只准我看书。""我就这样成了一个只会读书的废人。而且越来越废了。以前还会放羊，喂猪，割麦子，现在除了做饭，就只会吃了饭睡。"① 而当沈生铁坐火车逃亡到湘西找到杨繁后，湘西并不是他的归宿。杨繁收留了他，但给他改名蒲荔子（李傻傻自己的本名），让他参加补习班考上了大学。

实际上，这部小说反映了李傻傻的文化身份认同在青春期的混乱。现实中的李傻傻同样因为读大学远离了湘西，他对湘西已经陌生，同时对城市还格格不入。接受高等教育和进入城市后，李傻傻认同了现代文化，对乡土文化、传统文化形成了批评的眼光。由于文化身份认同的差异，"少年沈从文"李傻傻最终没能成功地复制沈从文的文学之路。沈从文从湘西进入大城市，但他一直自认为"乡下人"，对湘西文化有着坚固的认同，同时对照和反思城市文化，他的文学作品中的湘西因此具有审美现代性。虽然，《红×》中在城市里游荡的顽劣少年形象，说明李傻傻还没有彻底地忘怀湘西文化，但2004 年他从西北大学中文系毕业后，进入了广州某报社工作，中止了小说写作。我们也不能再分析其文化认知的变迁和创作的走向。

然而，李傻傻的文化认知问题同样困扰着其他从乡村进入城市的"80后"作家。正规的学校教育和长期的城市生活，一方面已经让他们脱离了乡土生活和生产实践，大多数人"四体不勤，五谷不分"；另一方面也让他们认知了现代文化。因此，当他们书写城市时，如果乡土记忆不能转化为审美现代性，就会影响他们对城市生活反思的深度。而当他们重新书写乡村时，记忆中的乡村生活和乡村文化与启蒙现代性的批判眼光不时发生冲突。也许，在后现代主义影响下，现代性的本质主义、普遍主义、总体性倾向被否定，人们认可文化相对主义，重视"地方性知识"，才能解决乡土文化认同和乡土文学创作问题。

---

① 李傻傻：《红×》，花城出版社 2004 年版，第 186 页。

第二节 "新市民"的文化认同

文珍是公认的善于书写城市的"80后"作家。她出生于湖南，但从小跟着父母在深圳长大，又在广州、北京南北两座大城市辗转求学。"从十几岁到二十多岁，除了读书学习之外，做得最多的事情就是在城市的各种场景里晃荡。"① 她本科在中山大学读金融专业，后考入北京大学学习"文学创作与研究方向"专业，以小说《第八日》获得文学硕士学位，成为北京大学也是大陆第一位创意写作学硕士。文珍的小说创作，数量较少而品质较高，2011年、2014年出版小说集《十一味爱》《我们夜里在美术馆谈恋爱》，凭借后者获得第十三届华语文学传媒大奖"年度最具潜力新人"。文珍的"学院派"背景，使她从一开始就具有纯文学意识，她批判韩寒、郭敬明、春树等早期"80后"作家的青春叙事，认为"他们拒绝文学责任的重担"②。又因为她相对较晚地开始正式的文学创作，人生经历更丰富，作为创作者也更加成熟。文珍最终找到了自己的创作突破点，形神兼备地描写后现代大城市中的年轻人。她的作品不是典型的青春文学，作品中的人物大多是刚走出校园的都市职场中的新人，如年轻的银行会计、公司职员、报社编辑，等等。

文珍着重表现了年轻人艰难的"城市化"，他们与城市的冲突、逃离与认同。她的硕士导师曹文轩说，"文珍只写城市。她的城市是年轻人的城市"。"这些年轻人似乎是这些城市的边缘人"，"但在他们身上又最能体

---

① 文珍、李云雷：《文珍：爱的不确定性和宿命感让我着迷》，《西湖》2011年第8期。
② 文珍：《"80后"看"80后"》，《文艺理论与批评》2005年第1期。

现城市的气息"①。这些所谓"城市的边缘人",是努力融入大城市的年轻人,是新晋的市民。从这一视角上看,文珍的城市书写也是一种别样的青春叙事,她写出了年青一代进入大城市后的自我认同与文化认同的过程。

这一认同过程的第一种情形是,年轻人无法融入城市,心理上发生冲突,甚至病态。文珍的每部作品中的人物一般很少,人物关系简单,主人公常常是大学毕业后留在陌生城市工作的年轻人,父母在故乡,自己漂泊在后现代大城市中,期盼爱情而不得,成为孤立、封闭的个体。《第八日》中的顾采采便是如此,她是一个普通的银行职员,得了失眠症,已经是第八日不能入睡。顾采采的痛苦来源于不能完成自我认同,不能接受城市文化。她在商业银行工作,从事很多人向往的金融行业,却做得很失败。因为,"作为一个金融产品推销员她无法把金钱本身当成信仰"②;她从银行业中看到的是欲望的满足和金钱的肮脏,"诸如此类看了足足五年之后,她偶尔碰到钱包里的钱都会神经质地去洗手"③。顾采采不把金钱当作信仰,也不能从商品消费中获得廉价的快乐,与大都市格格不入。她一直回忆着故乡小镇的生活,最美好的记忆是与同学辛辛的交往,她们坐在小镇尽头一棵巨大无比的凤凰树上,看着海边的晚霞,无话不谈,亲密无间。顾采采无法自制地不断对着幻觉中的少女辛辛说话,活在那个纯情的少女时代、纯朴的乡土文化中。她也试图消弭自我认同、文化认同的断裂,花去工资的五分之三独租一居室,只为营造自己的空间,可以精心浇灌一颗栀子花;不计得失地倾注自己的情感于一个已婚男同事身上,当然最终收获的只是幻灭。小说最后,顾采采决定再坐一次过山车就自杀,却在飞驰翻转的过山车上睡着了。这一幕充满了反讽意味,在接近死亡的刺激中,

---

① 曹文轩:《城市边缘的解读者:文珍》,载文珍《十一味爱》,广西师范大学出版社2011年版。

② 文珍:《十一味爱》,广西师范大学出版社2011年版,第149页。

③ 同上书,第155页。

顾采采获得了暂时的心灵安定。

另一部稍晚发表的小说《录音笔》，主人公曾小月是一家有机食品批发公司的接线员，她的身上也渐渐产生病态心理的症候，一是幻听，二是迷恋自己的声音，先后用录音机、手机、录音笔录下自己的声音，再播放给自己听。曾小月也觉得自己是个失败者，毫无出色之处，只有声音被人夸过好听，于是她不断地录下自己的声音，在录音时说出心里话。曾小月不能在写字楼里跟同事正常交流，更不能适应尔虞我诈的办公室"小政治"，她只有从自己的声音中才能获得自我存在、自我价值的确证。当她的录音被同事发现时，她的自我、自足的世界瞬时坍塌，出现了幻听。"她的耳朵真好，能听到一万公里之外，有人正在轻声叫她：'小月，小月回家。'"① 顾采采、曾小月等小说形象是文珍对大都市中日益封闭的个体的写照，这些年轻人的孤独、绝望，让人唏嘘不已，她们是进入大城市后的失败者，不能认同城市文化，在幻想的过去中存在，最好的解决之道也许是"回家"。然而，故乡也不再葆有过去的面貌和纯朴的文化，就像顾采采念念不忘的少女辛辛，到深圳打工后被一个五十多岁的台湾老板"包养"，回到故乡也不过是另一种幻灭。

对城市文化认同的第二种情形是，年轻人进入大城市时日长久之后，沉溺在物质世界、消费文化中怡然自得，丧失了自省的能力。文珍在《画图记》《气味之城》《我们究竟谁对不起谁》等作品中写出了这一类人物。比如《画图记》中的宋伟侨，很年轻就当上了外企子公司的部门主管，在北京买了房子和车。他在这个城市中游龙戏凤，自诩后宫三千，是个有名的花花公子。"他只不过是个男人，这个城市随处可见的普通男人，有欲望，而且有钱去满足自己的欲望。"② 宋伟侨在总公司的年中酒会上认识了一对姐妹花，"白骨精"（白领＋骨干＋精英）表姐白灵、小职员表妹杜

---

① 文珍：《我们夜里在美术馆谈恋爱》，中信出版社 2014 年版，第 156 页。
② 文珍：《十一味爱》，广西师范大学出版社 2011 年版，第 47 页。

乐。他的兴趣在白灵身上，也很容易地把她勾搭上床；他知道杜乐喜欢自己，一开始却看不上眼，后来才慢慢发现自己爱上了这个普通而不失纯真的女孩。杜乐促使他一点一滴地找回了自己的本心，他进公司前也曾支过教，还一直资助失学儿童；他爱画古代的植物，明白父母在东北故乡老去，内心其实也渴望幸福、安稳的婚姻。"也许他骨子里，很深很深的深处，并不讨厌那样一种纯洁和青春的象征"；"换言之，他心里小心翼翼地藏着某种固守的东西。而那东西的名字叫不叫'传统'，他不得而知。"①然而，宋伟侨已经很难回归传统文化，他在大都市的消费文化中沉溺太久，无力挣脱。在这个充斥着消费商品的物的世界里，爱情、性爱也如同自助餐一样，无比丰盛，也被大量浪费。"那些面包、水果、咖啡、牛奶和蜜又将要丰盛地被人享用、剩下并浪费。一切都是虚无。"② 长期享受了大城市丰盛的物质和性之后，宋伟侨在精神上产生了虚无的病症，他的反思和自省显得虚弱无力，也太迟了。杜乐最终的离开、背叛、戏弄，触发他心理崩溃，如同精神病人一样号啕，迷失在北京的街头。

　　除了《画图记》中宋伟侨因杜乐而痛苦，《气味之城》中的男主人公也因妻子出走，开始反省自己在婚姻中的懒惰、对妻子的冷漠，而不再以工作忙碌、常出差为借口。《我们究竟谁对不起谁》中，叙述者许妍也因闺蜜顾安的自杀，一步步发现吞噬了她年轻生命的是大城市的物质至上、实利主义。当年，顾安在父母的逼迫下放弃了不能在北京买房、从安徽农村出来的初恋男友，嫁给了家庭优渥、工作体面的北京男子黄涛，没想到他竟是男同性恋。可以说，文珍冷酷地揭开了都市生活繁华光鲜的假面，希望置城市文化的沉溺者于"死地"而后反思什么才是真正的生活。

　　对城市文化认同的第三种情形是，年轻人在城市中不断产生逃离的冲

---

①　文珍：《十一味爱》，广西师范大学出版社 2011 年版，第 36、43 页。

②　同上书，第 38 页。

动，然而真正付诸实施后，却发现和确证了自己对城市文化的认同，于是在逃离后回归。《到 Y 星去》中，张爱和许先是大学毕业后留在北京打拼的一对情侣，他们最大的困境就是居无定所。因为房东涨房租，他们多次搬家，而买房子更是遥不可及的梦想。张爱常把"我早晚要回到 Y 星上去"挂在嘴边，他们甚至有一次幻想起两人到 Y 星球上的生活，住着带小花园的别墅，不需要天天干活，可以轻松地生养小孩。这部小说以戏谑的口吻描写了年轻人逃离大城市生活的愿望，这种戏谑、自嘲和白日梦般的奇思妙想与小说人物是相符合的。他们毕业才三年，依然对融入北京抱有深切的希望，还没有真正地幻灭。比如女主人公张爱其实刚刚失业，但也不肯暂时离开北京，回安徽老家散散心。《北京爱情故事》中的主人公沈同，把逃离大城市付诸实施了。他是一家报社的小职员，不善与人交往，在办公室种了许多兰花，却因为兰花第一次和心仪的女同事顾小双搭讪而结缘。然而，顾小双已婚，丈夫在国外工作。沈同没有勇气追求下去，从报社辞职，坐火车去拉萨。

沈同出走之后怎样？文珍用另外两部小说《来自衣柜的人》《银河》做出了回答。《来自衣柜的人》中的叙述者小枚，在北京的生活已趋向稳定，也马上要和男友 C 结婚了，但她第二次从北京逃离到拉萨。她对闺蜜解释自己出逃的原因，"我遇到一个很大的问题。我觉得这三年待在北京，每天折腾上下班，堵车，一分一分地存钱买房子，自己变得越来越不像自己，也好像对很多东西都失去感觉了。我觉得再这样下去，最后的结果一定会发疯。"[①] 在消费社会的逻辑下，大城市的房子不再是必需品，而是奢侈品。房子本身的功用和使用价值差别不大，但建在一、二、三线城市，建在不同地段，就具有差别巨大的附加值，买商品房的消费者也就获得了不同的身份象征。商品房对城市人心灵的扭曲无以复加，任何其他消费品都不可比拟。《到 Y 星去》中的年轻情侣是当"房奴"而不得，而《来自

---

① 文珍：《我们夜里在美术馆谈恋爱》，中信出版社 2014 年版，第 45 页。

衣柜的人》中的小枚当上了"房奴"，却再也不能忍受这样的城市日常生活，感觉失去了自我。小枚逃到拉萨，混迹于一群"拉漂"朋友中，其中一位男子阿卡喜欢她。但无论是西藏的壮丽景色还是浪漫不羁的阿卡，都不能留住小枚。她想念平凡、漫长、乏味的城市生活，"我回来了，C。我回来了。北京"①。另外，《银河》中叙述者苏令，跟着银行同事、别人的丈夫老黄，从北京私奔到新疆，但最终也是往回走。因为他们各自的房贷都没有还清，"房子吃我们，银行吃房子。大鱼吃小鱼，小鱼吃虾米"②。现代人享受着城市生活、消费社会的舒适、便利，也必须同时承受资本的剥削和束缚，以一生的劳作和个体的自由为代价来换取这温柔之乡，而爱情、远方、诗意等逃离现代文化的行动，只不过是心理补偿性的幻想。他们对城市的逃离，最终都发展成为一次调节心情的远足、旅行、驴友活动而已。

文珍小说所揭示的年轻人认同城市文化的三种情形，也可以看作文化身份认同发展的三个阶段，从心理冲突/病态，到沉溺/迷失，到出走/回归。进入城市的年轻人最终无奈地接受了后现代都市和消费文化，他们的心理冲突、反抗和出走都被证实无效，这是后现代时期"新市民"的宿命。"不但我认了命，而且也试图让小说中的主人公认命，认命的同时当然不代表毫不反抗。他们只是用一种更强大的方式面对一切终将过去的虚无。""现在的我却倾向于喜爱那些明知不可为而为之的主人公，比如《普通青年宋笑在大雨天决定去死》里的宋笑。"③ 然而，面对都市的奢华、丰盛及其背面的虚无，文珍并没有找到"更强大的方式"进行反抗。其一，白领们的"明知不可为而为之"，不过是勇敢地活下去，努力地升职，承担"人世间的责任"。宋笑的目标和出路是从"普通'80后'男人"、助理律师，成长为独立负责案件的律师、都市里的成功者、富裕稳定的中产

---

① 文珍：《我们夜里在美术馆谈恋爱》，中信出版社 2014 年版，第 110 页。
② 同上书，第 38 页。
③ 文珍：《河水必定东流》，《文艺报》2013 年 11 月 27 日第 2 版。

阶级。这种世俗意义上的"成长"不是反抗，而是承认和驯服。其二，反抗的力量在下层人民身上也不见踪迹。文珍试图表现更广阔的生活和其他人群，创作了《安翔路情事》《场景练习》等短篇小说。《安翔路情事》讲述城市中打工者们的爱与痛，从哈尔滨来的"麻辣烫西施"小玉和从安徽绩溪农村来的灌饼哥小胡相爱了，但他们的爱情没有结果，沦为悲剧，因为小玉向往都市生活，梦想着留在北京，但凭他们的收入不可能在北京买房留下。而小玉不甘心跟着小胡去安徽绩溪，"守着农村的二层楼和摩托车过一世"[①]。小说中的"鸟巢"是大都市的象征，如同卡夫卡笔下的城堡，大都市让打工者们无比向往，却难以进入。《场景练习》写到更底层的失足女。几乎同岁的高三男孩与失足女在深夜的公园相遇，失足女叫住了他，进入他为了考试租住的房子。她刚确诊了性病，本想害人，把病传染给招嫖人。他却没有进行性交易，还对她讲了许多温柔的话，甚至提出让他爸帮她找新工作。这部小说想象了一种跨越阶层的情景，而城市大男孩的同情心建立在年轻、单纯的基础之上，两人交流的失败，也显示了文珍对下层人物的隔膜，对其命运的悲观。

李敬泽认为文珍"站在特定的人群之中"，"让我们看看这人群：她们是北上广深等大城市中的职业女性，生于80年代，受过良好教育，供职于公司、银行、各事业单位"[②]。这些出生于80年代、进入大城市的"新市民"，是所谓的白领阶层，可上升为富裕的中产阶级。从北京大学硕士毕业后，文珍成为人民文学出版社的编辑，实实在在地站在了"新市民"中间，恐怕一定程度上也认同了后现代社会和消费文化的某些方面，这造成了她小说创作上的局限。她的小说总体上描绘了大都市的魅力与诗意，"只是这种'诗意'不是单纯的美感，而是一种五味杂陈的

---

① 文珍：《十一味爱》，广西师范大学出版社2011年版，第260页。
② 李敬泽：《序 新方言与部落之巫》，载文珍《我们夜里在美术馆谈恋爱》，中信出版社2014年版。

复杂感受，是现代城市生活的'诗意'"①。大城市的奢华、丰盛、舒适吸引着所有人，让他们觉得痛苦、虚无，但也绝不舍得真正地离开。而在她的小说中，大城市之外的世界和生活是灰暗的，如同 19 世纪小说中法国的巴黎和外省的区别。与北京等大城市的光芒相比，乡村、内地、边疆都处于幽暗的地带。无论是福建、安徽、河南的小镇和乡村，还是西藏、新疆的野外，都市人可以回忆、向往、涉足，但缺乏留下的勇气和相应的文化认同。

文珍的小说体现了城市文学的进步。"如果说，所谓的真正的市民更能解读历史的话，这些新市民则更能解读现代。""中国当代文学不缺乡村小说，缺的是城市小说，是文珍这样的城市小说。这种小说里，有现代性的精神蕴含。"② 一方面，文珍对都市人心理病症的描写具有一种审美现代性，是对都市社会、消费文化的一种可贵的反思，尽管这种反思由于作者的文化认同具有一定的局限性。另一方面，文珍以敏感的心灵，生动地展现了一个包围人的物的世界。在后现代社会，大城市蜕去工业化的功能和形象成为消费中心，是一个充斥着人造景观、消费品的世界。文珍细致入微地描摹了都市里的各种建筑空间、声响和气味，以及对人的官能的刺激和自我的形塑，比起郭敬明的景观化都市书写更真实、深刻。鲍德里亚说，"我们必须尽快如实地把所见到的和所体验到的描述出来——千万不要忘记在奢华与丰盛之中，它是人类活动的产物。制约它的不是自然生态规律，而是价值交换规律"③。文珍对大城市的描述足够真切，但对于都市社会的复杂性的表现尚显不足。

---

① 李云雷：《诗意生活的可能性，及不可能性——读文珍的小说》，《山花》2014 年第 1 期。
② 曹文轩：《城市边缘的解读者：文珍》，载文珍《十一味爱》，广西师范大学出版社 2011 年版。
③ ［法］让·鲍德里亚：《消费社会》，刘成富、全志刚译，南京大学出版社 2014 年版，第 2 页。

第三节　回归小镇与地方文化

颜歌的文学身份在 2012 年前后发生了变化，从小有名气的青春文学作者成长为引人注目的纯文学青年作家。2012 年她的长篇小说《段逸兴的一家》（单行本改名为《我们家》）在《收获》第五期发表后，得到了纯文学界的广泛赞誉，次年她也因这部小说获得第十一届华语文学大奖"年度新人奖"。其实，早在 2009 年，颜歌在《人民文学》发表中篇小说《白马》时已初露锋芒。她笔下的川西小镇"平乐镇"很有希望成为当代中国文学地图的重要组成部分。颜歌的创作方向的改变，以及背后她对小镇社会和地方文化的认同，是一个曲折的过程。她本名戴月行，1984 年生于四川省郫县郫筒镇，2000 年开始用笔名"颜歌"在文学网站"榕树下"发表作品，2002 年获得第四届"新概念作文大赛"B 组一等奖，随后在《萌芽》《青年文学》等青春文学刊物上不断发表作品。颜歌早期的青春叙事作品，大多是对中国神话的改写和古代生活的想象。如中短篇小说《锦瑟》《封神》《朔夷》《洛阳》等，小说语言典雅秀丽，爱情故事凄美动人，而主人公是飘散着孤独、绝望、哀伤气息的少女形象。这些作品体现了颜歌的青春期情绪体验和丰富的幻想，同时也是对小镇现实生活的逃避，对她而言，故乡郫县郫筒镇是"那个最开始我提都不想再提的无聊地方"①。与很多"80 后"一样，通过高考，颜歌如愿走出故乡小镇，进入四川大学从本科读到博士，在成都生活多年。期间，除了刚入大学时延续早期小说叙事风格的长篇小说《关河》，她又创作了长篇小说《异兽志》《声音乐团》和《五月女王》等作品，分别表现了成都和郫县的现实生活，

---

① 颜歌：《成为一个小说家》，《文艺报》2013 年 7 月 1 日第 2 版。

"在我的创作图景中，经常出现的地名有两个，一个是永安城，一个是平乐镇"①。而长篇小说《我们家》是1911—1912年颜歌在美国杜克大学做访问学者时，身处异国他乡时创作的。"我花了很多年才知道小镇的好，才知道作为一个小镇的孩子，世界上的其他地方就算再繁华世故，其实都和己无关；世界上的其他人就算再俊朗聪慧，也不是父老乡亲。"② 可以说，颜歌"知道小镇的好"，是她走出小镇、见识了"世界上的其他地方"之后，对自己文化身份的主动选择；是对故乡小镇、地方文化再发现的认同，从否定再到肯定的心理转变。

颜歌的文化身份认同，首先经历了对城市和现代化的思考和否定。她的《异兽志》和《声音乐团》是有所关联的两部长篇小说，写出了一个具有魔幻色彩的"永安城"。《异兽志》中，永安城里人兽杂居，有悲伤兽、荣华兽、痴心兽、来归兽等九种兽。兽有人形，甚至可以与人通婚，他们也干着纺织工、教师、保安等工作，而人统治着兽，似乎比兽更残忍、凶狠。小说所讲述的人与兽的关系，主要有两层隐喻。一方面，人对兽的统治是现实社会秩序的隐喻。比如，雄悲伤兽是手艺精湛的纺织工，但过得很苦，因为永安城政府对他们抽取高税。同时，雌悲伤兽有着笑容极美的传说，永安城的大款们都以娶得雌悲伤兽为荣，为此，科学家发明压制兽性的激素，给雌悲伤兽注射。又如，痴心兽居然是一种人造的兽，是小说叙述者"我"的导师、永安大学动物学教授的杰作。"二十多年后，在永安最大的天美百货七楼可以买到痴心兽，售价八万八千八，绝不打折"③。各种兽在永安城人的统治下躲避不及，苟延残喘。其中，舍身兽甚至相互残杀，被永安城人一个个单独囚禁于云端大厦的研究基地后，又想尽一切办法自残、自杀。小说中的人兽杂居的世界，是权威政府、富裕的地产商和珠宝商，以及为前者服务的科学家们联合统治的社会。这个魔

---

① 颜歌：《相信并且敬畏》，《作家》2008年第11期。
② 颜歌：《云的见证者》，浙江文艺出版社2012年版，第21页。
③ 颜歌：《异兽志》，中信出版社2006年版，第151页。

幻世界实际上是颜歌以象征和极致的表现手法呈现的现代社会。另一方面，人与兽的杂居和难以区分，也是对人性的隐喻。小说中，悲伤兽、舍身兽、荣华兽等种兽，各有特性，是人性某一方面的放大和畸变，比如穷途兽以绝望为事物，英年兽父子相杀。而且，小说叙事中设置了许多悬念和反转，如同恐怖小说一般，小说中的主要人物先后都被揭露了他们本为兽的真相，连叙述者"我"都不例外。而小说叙事过程中，常有人物感叹，"兽比人更像人，人比兽还不如"。最后，小说揭开了最大的真相，永安城地面上的人其实都是兽，"哪里有什么亡灵的世界，那下面，都是人……""我们这里的，都是兽……"① 在"永安城"里，人都被打入了地下世界，而兽在地面上肆掠，这从整体上象征了现代城市中人性的暗淡。

长篇小说《异兽志》也有青春叙事层面，呈现了叙述者"我"的自我发现之旅。得知真相的"我"表达了对"永安城"的不认同，"你知道吗，我害怕，我真的害怕，原来这偌大一个城市，根本没有我的血亲，没有我的亲人，我以为是我母亲的人，根本不是我的母亲，我以为是我情人的人，根本不是我的情人，都骗了我"②。对"这偌大一个城市"的情感倾向和文化认知，也在长篇小说《声音乐团》中得以延续。这部小说采用了"书中书"结构，具有多层次的叙事空间，有研究者称为"中国套盒"结构。③ 根据小说开头"入场须知"中"每个故事的叙事者都是同一个人"的提示，第一层次的叙述者老年女作家、第二层次的叙述者刘蓉蓉的表姐、第三层次的叙述者刘蓉蓉是同一人，因此小说中的两部《声音乐团》都是老年女作家在失忆前先后创作的，只不过早期的那一部是谜面，第二部是谜底。通过"书中书"的叙事结构，小说讲述了一个扑朔迷离的仇杀故事。刘蓉蓉、孙震、周云涛三人少年时期曾在一起

---

① 颜歌：《异兽志》，中信出版社 2006 年版，第 105、248 页。
② 同上书，第 240—241 页。
③ 李畅：《一部恢弘的文艺交响乐——颜歌〈声音乐团〉简论》，《当代文坛》2012 年第 5 期。

学琴，但孙震强暴了刘蓉蓉，后来刘蓉蓉在他游泳前下药让他变得低血糖，企图杀死他。而刘蓉蓉的父亲与周云涛的母亲结合了，离开了原来的家庭。长大后，刘蓉蓉接近周云涛，让他爱上自己，报复自己的父亲。最后，当年逃过一劫的孙震，以同样的下药方法，使刘蓉蓉从音乐厅楼厢看台坠下而亡。这部作品在叙事结构上设计精巧，在故事层面基本上褪去了魔幻色彩，只保留了贯穿全篇的巨兽的鸣叫。然而，都市男女依然漠视"血亲"和爱情，相互仇杀，音乐素养和优雅气质遮掩不住他们身上的兽性。

其次，颜歌认同小镇文化受到了亲情和成长记忆的召唤。颜歌对故乡小镇的回眸开始于小说集《良辰》，它包含了十个关于顾良城的故事，他的身份在每个故事中都不同，号丧者、养蜂人、剧作家、图书管理员等，但一直是个"浪子"形象，放荡不羁，来路不明，去影无踪或悄然死亡。除了《太玄》，叙述者少女"我"都爱上了顾良城，甚至成为他的情人。小说集《良辰》，一方面还带有浓厚的青春气息，呈现了少女的浪漫幻想和爱情的不可捉摸；另一方面又描写了现实社会中的各色人物，故事发生的空间既有大城市"永安市"，也有小镇"常乐镇""鱼凫镇""桃乐镇"。"我第一次写我熟悉的传说和城镇，并且明白了，一定有一天，我会继续写这些东西。"① 引发颜歌创作转变的重要因素是她母亲的病逝，"这段时间我失去了我的母亲"，"从头到尾，情人只是一个噱头，它是关于母亲的"②。失去母亲的痛，让颜歌感受到自己与故乡的"血亲"关系，她不断回故乡陪父亲，看爷爷奶奶，同时，也让她开始回忆母亲和自己成长的经历，讲述故乡小镇的故事。

从长篇小说《五月女王》起，颜歌把她小说中的小镇固定地命名为"平乐镇"，这部作品讲述了平乐镇女孩袁青山，以及她的同学张沛、岑仲

---

① 颜歌：《年年月月（后记）》，载《良辰》，长江文艺出版社 2005 年版。
② 同上。

伯、乔梦皎、妹妹袁清江等人的成长故事。袁青山从小爱慕张沛，但后来张沛却与袁清江恋爱，结婚。岑仲伯喜欢上袁青山，但他的父亲当年拐跑了袁青山的母亲，因此袁青山父亲极力反对他们交往，而且袁青山越长越高，几乎成了一个巨人，只好独自一人生活在大仓库中。小说讲述了这些小镇子弟从小学到走上社会的全过程，其中袁青山的成长之痛与漫长、无望的爱情十分动人。最后，大雨之夜，河堤决口，袁青山变成了一块巨大的石头堵住了那个口子，拯救了全镇人，成为"平乐镇"的英雄。颜歌自称"《五月女王》更有自传性质"①，小说穿插了许多第一人称叙述者讲述的故乡各色人物，如我爷爷、高木匠、张仙姑、钟腻哥、邓爪手、朱驼背，等等；而第三人称叙述的小说主体部分中袁青山的成长故事，也表明了作者对故乡小镇的热爱，尽管小镇带给袁青山平庸甚至痛苦的生活，但带有魔幻色彩的小说结局却显示她愿意为故乡奉献一切。颜歌通过对自己的成长经历、小镇人物的回忆与描述，慰藉了自己的心灵，也重新认识了故乡小镇及其包含的传统文化和地方文化。

再次，颜歌回归小镇和地方文化，是在全球化背景下对表现中国生活、挖掘中文特性的创作追求。她在四川大学读比较文学博士，熟悉和喜爱奈保尔、麦卡勒斯、约翰·欧文等英美作家表现故乡小镇的小说，这些作家对主流文化的疏离和对边远地区的关注，一定程度上影响了她。颜歌在美国杜克大学做访问学者时创作了长篇小说《我们家》（《段逸兴的一家》），这部小说在主题意蕴和艺术上都超越了先前的作品。小说以女儿段逸兴的口吻讲述了自己一家人的故事。爸爸薛胜强是平乐镇上春娟豆瓣厂的现任厂长，成天呼朋唤友，吃喝玩乐，还拈花惹草，包养二奶。围绕奶奶薛英娟要过八十大寿这件事，爸爸忙着联络家人，安排场地。有一天他突然在二奶钟馨郁的床上心脏病发作，事情暴露了。但妈妈陈安琴却没有

---

① 颜歌、杨道：《80 后当红作家颜歌：秋天来了，开始写作吧》，《海南日报》2015 年 9 月 14 日第 B12 版。

闹离婚，因为她自己有出轨"案底"，而且奶奶为了安抚她谎称自己有巨额遗产。不久，钟馨郁怀了孕，爸爸兴奋地要她把孩子生下来。后来，从外地回平乐镇的大伯段知明调查出孩子是爸爸的司机朱成的，爸爸才跟钟馨郁断了关系。另外，大伯和姑姑薛莉珊回乡，也各怀"鬼胎"，姑姑要跟姑爹刘瞿康离婚，而大伯要娶当年被奶奶拆散的恋人周小芹。小说最后还披露了奶奶和爸爸的师傅陈修良当年也曾是情人关系，薛莉珊是陈修良的女儿。这部小说描写了家丑、尴尬事一箩筐的一家人，其中父亲薛胜强的形象最为饱满，他把"龟儿子""瓜婆娘""老子"等四川话粗口常挂嘴边，志得意满，放纵享乐，但也孝顺，有情有义。小说描写了一个暧昧、含混、粗俗的小镇社会，除了生动的小镇人物，地方风物、特色小吃、四川话等地方文化因素也很突出。这些主题和艺术上的特色都是颜歌有意地追求。"总体来说，我还是希望能写我所看到感觉到的时代，延伸中文，表达中国。""对我来说，《段逸兴的一家》就是我所理解的中国生活。""在一个越少能使用中文的环境里，或者在和说着其他语言方式的对比里，人会越发现中文的中文性"①。《我们家》这部作品说明，颜歌在全球化时代的文化认同及其创作，与郭敬明拥抱资本全球化、消费主义的上海想象截然不同，具有反抗文化全球化的意义。

另外，《我们家》的叙述者很独特，是未出场的得了疯病的女儿段逸兴，她不知隐瞒，超越了伦理的束缚，她亲切而大胆、人小鬼大，让小说充满了喜剧性。比如，爸爸突发心脏病住院后，妈妈陈安琴和二奶钟馨郁居然表面上相安无事，都来送饭给他吃。"钟馨郁和妈妈两个人都看着爸爸，等着他的回答。爸爸，你今天中午饭到底吃得好不好呢。爸爸脖子上架着两把刀，恨不得在肚子上再插一把，掏个洞，把吃下去的东西都挖出来，然后重新把妈妈做的东西吃一遍。"② 在描述这个尴尬、诡异的场景过

---

① 颜歌、走走：《我用了很长时间来让语言"不美"》，《野草》2015 年第 2 期。
② 颜歌：《我们家》，浙江文艺出版社 2013 年版，第 34 页。

程中，叙述者突然跳出来直接询问爸爸，令人忍俊不禁。叙述者段逸兴的声音和视角，可以说是作者青春叙事的遗留。

颜歌同时期创作的《白马》《照妖镜》《奥数班1995》等中短篇小说，在反映小镇生活同时，也有青春叙事的影子。这说明，颜歌理解和发现"中国生活""中文性"的同时，也更加深刻地理解了自我，做出了自己的文化、文学选择。"小时候我走在灰漆漆的郫县街上，总是想着要赶紧长大离开这里"，而"现在我走也不想走了"，"有时候回郫县看我爸爸，走在街上，猛然一个大广告，说有个火腿肠要'走出中国，走向世界'——这对火腿肠或许是好事，可是我哪里都不想去。"① 总体而言，颜歌开始脱离青春叙事，转向外部世界，专注于她所理解的"中国生活"，表现川西小镇社会和地方文化。

第四节　徘徊于城乡的文化游子

甫跃辉的人生经历是大多数"80后"的典型轨迹，即通过高考从农村进入城市。他出生于云南保山的乡村，高考考入复旦大学，后成为本校首届文学写作专业的研究生，师从当代著名作家王安忆，毕业后留在上海工作。作为"学院"培养的作家，甫跃辉自然不会走市场化写作的道路，他踏踏实实地在传统文学期刊上不断发表中短篇小说作品，逐渐引起文坛和出版界的关注，迄今出版了六部小说集《少年游》《鱼王》《散佚的族谱》《动物园》《每一间房舍都是一座烛台》《安娜的火车》和长篇小说《刻舟记》。甫跃辉的文学之路与许多"80后"作家截然不同，他在小说创作上

---

① 颜歌：《代序：可是我哪里都不想去》，载《平乐镇伤心故事集》，广西师范大学出版社2015年版。

也兼顾乡土和城市，有意识地学习和继承现代文学传统，因此批评家金理称他为"'80后'传统作家"①。另一方面，甫跃辉的创作也有青春叙事的一面，他的乡土小说常运用童年视角，表现乡村少年的成长，他的城市小说展示了从农村进入城市的青年人挣扎、扭曲的"城市化"。而在甫跃辉的笔下，无论是乡村少年的"成长"，还是城市异乡人的"城市化"，都是一种妥协和沦落。他没有营造乡土"乌托邦"，也与城市格格不入，是一个"文化游子"。

甫跃辉在云南边陲之地出生和度过青少年时期，他的乡土记忆是他重要的创作资源。他能够详细描写乡村环境、风景，包括雾、雨、晴各种天气下的山、湖、林、村落、街市、小镇，以及各个生长时期的树、草、庄稼、瓜果等，无不传神、鲜活。如《白雨》中连绵的村落雨景，氤氲着两位老人自杀离世的悲凉。《雀跃》中挂在土墙上的丝瓜、黄瓜、洋茄子是隔墙邻居争斗的起因和工具。他还描写了许多劳作场景、乡村风俗，比如《红马》中爷爷上山割草、挖松根，《鱼王》中小伙伴们放牧、刁氏父子养鱼，《初岁》中兰建成学杀猪，《守候》中东来父子给水稻田放水、守水，等等。另外，他还热衷讲述乡村传奇、鬼怪故事，如《红马》中队长遇上檀木梳精，《鱼王》中村民捕捉传说中的鱼王，以及多部作品中出现的鬼故事。

值得注意的是，甫跃辉的许多乡土小说隐含着乡村少年的成长故事，具有青春叙事特征。他最早发表的小说《少年游》，讲述了"我"从十二岁到二十岁的成长过程，"我"经历了十二岁的"离家出走"闹剧、爱情苦恼，也目睹了悠悠和小木头的爱情悲剧。叙述者"我"既有二十岁的洞察睿智，又有少年时的真切体验，小说语言时而风趣，时而哀伤。这部小说的成长主题很突出，"逃离"是自我认同的开始。"十二岁的时候，我可以逃离父母；十八岁的时候，我只能逃离自己。但我离不开自己，我害怕

---

① 金理：《"80后"传统作家甫跃辉》，《西湖》2011年第12期。

离开自己，我只想一遍又一遍地确认自己。"① 但甫跃辉对留在乡村的少年们的"成长"是悲观的。《初岁》中因贫失学的高中毕业生兰建成在师傅、父亲的教导下学会杀猪手艺。他被乡村社会、父辈规训，融入了乡村传统，但个中的滋味只能由兰建成自己品尝，表面上"成长"了，人生的苍凉却透入骨子里。《街市》一开始以车云飞的童年视角写出了街市的喧闹、街市人捉小偷时的野蛮与自私，以及舅舅的情欲冲动，小说最后视角转换，十多年后，骑着摩托、载着女人的车云飞也变成了同样的凶恶而猥琐的人。

《刻舟记》是甫跃辉目前唯一的一部长篇小说，实际上这部小说是2006 年他从写诗转向写小说的习作、"少作"，历经六年修改到六稿。但这部作品仍不够圆熟，显得凌乱、含混。小说主要采用第一人称叙事，叙述者是孤竹村刘成良的二儿子刘家林，但第十一到第十三章，叙述者"我"退隐，小说又采用了聚焦哥哥刘家木的第三人称叙事。在小说中，叙述者的转换应该是自然的，或隐含主题意义的。虽然这部作品中两兄弟的故事不无互补之处，哥哥走向堕落，弟弟成为村里第一个大学生，但叙述者的转换却让小说整体上有合并、拼凑的痕迹。在主题方面，小说的叙事繁杂，意义多指向，且含混。其一，小说抒写了乡村少年的多种困扰和迷茫。友谊如此难得，刘家林曾从哥哥、大孩子王虎、同学红旗和王光生、更小的孩子黄春明等人身上得到短暂的友情，又因各种原因很快失去，他常体验到的情绪是寂寞。爱情的懵懂和性的困惑也是青春期不能避免的身心纠葛。小说写到刘家林和妹妹一起洗澡的尴尬，他对同学"白蛾子"、曹雨红先后产生微妙的爱慕之情；开始做性梦，"总是在做梦。夜里做很多梦，白天也做很多梦。最常做一个白日梦，是对一个山洞极其隐秘的幻想。"② 后来又发现了能让自己"飞翔"的秘密。而刘家木爱上了同学殷桃，发展到跟踪她，乃至由爱生恨，最后，干脆用嫖娼把自己对性的幻想

---

① 甫跃辉：《少年游》，作家出版社 2011 年版，第 189 页。
② 甫跃辉：《刻舟记》，文汇出版社 2013 年版，第 92 页。

摔落到地上。其二,小说提出了乡村子弟的教育问题。在家庭教育方面,刘成良对大儿子刘家木的教育是典型的"棍棒教育",他有自己的歪理,钟爱"悬挂树上"的刑罚,但刘家木的堕落之路证明了"棍棒教育"的失败。母亲李惠云比较忽视大儿子的情感需求,常采用"冷漠教育",在刘家木犯错后,不跟他说话,当他不存在。这种方式对儿子的成长自然也是起消极作用的。在乡村学校里,教育和管理方式也是非常粗暴的,比如班主任常常暴打学生。陈健康因为用粉笔头扔班主任,被打成脑震荡。"班主任面目扭曲,攥着陈健康的头发,将他的脸一次次扣向墙壁。陈健康的额头破损了,充血的眼睛现出恐惧的影子,斜斜瞅着窗外的同学……"① 而且,班主任面对质问的陈健康父亲仍然振振有词。最后班主任逃过了惩罚,陈健康反而辍学了。其三,小说对妹妹的死表意含糊。妹妹搂着塑料小狗睡觉,爱小动物,养过老鼠、鹦鹉,最后因寻找鹦鹉在荷塘中溺亡。作者试图在妹妹身上寄托美好的意义,但许多意象含混不明。小说名为"刻舟记",作者在《后记》中重新诠释了"刻舟求剑":"很多珍贵的东西丢失了找不回来了但又不愿意就此罢休只能聊胜于无地在不相干的事物上留下个印记然后尽力寻找。"② 记忆中的"珍贵的东西"为何"找不回来了"?因为作者的知识体系和思想立场改变了,进入城市和现代教育培养下的甫跃辉,主要吸取了启蒙主义思想,他崇拜和学习鲁迅等现代作家,更多地以批判的眼光来看待乡村。正如小说的叙述者刘家林,他成为"孤竹村的第一个大学生"进入城市后,与乡村社会渐行渐远了,发现自己失去了童年时"通灵"的本领,他眼中的乡村已是"祛魅"、凋敝、落后的幽暗之所。"我不知不觉——或者拼尽了全力?——忘掉了这种能力,回归到正常人的世界。"③ 一个来自城市的现代的"正常人",如何真正地认同、回忆并描绘那"人鬼共存"的乡村,这才是甫跃辉"刻舟求剑"的

---

① 甫跃辉:《刻舟记》,文汇出版社 2013 年版,第 186 页。
② 甫跃辉:《后记 时光若水,刻舟求剑》,载《刻舟记》,文汇出版社 2013 年版。
③ 甫跃辉:《刻舟记》,文汇出版社 2013 年版,第 202 页。

悖论之处。

　　然而，甫跃辉对城市文化同样是批判的，他描写乡村子弟艰难的"城市化"过程，着重表现他们在城市文化压抑下的蜕变和心灵扭曲。早期的乡土小说《雀跃》已写到金雪和金雨两姐妹在技校和民办学校毕业后，漂泊在昆明，工作和婚姻都没有着落。"她们看不起村里的人，也看不起那些初中没毕业，外出打工的年轻小伙，省城里的人又看不起她们。"① 城市改变了两姐妹，她们开始用物质、财富、地位区分村里人和同龄伙伴。《走失在秋天的夜晚》中的李绳，辍学后到省城打工，落脚在一所大学对面的打印社。李绳初时常回忆初中女同学曹英，慢慢地他的情欲移向了出入校园的女大学生。他通过网络，谎称自己是大学生，找了一个省城本地的女朋友。女朋友在性的方面比李绳更主动，但知道他的真实身份后要求分手。分手过程中，李绳想报复她，却被她多次索取激烈而变态的性，直到她找到新男友。李绳在这城市中找不到一个人倾诉自己的痛苦，一直给曹英打电话，不过只倾听，不说话。他得知曹英当年也喜欢自己，又幸福又痛苦。李绳买过一把美工刀，产生过杀死前女友的冲动，却不敢动手，最后回到故乡小镇，杀死了辜负曹英的男友。这部作品显示出甫跃辉的深刻，乡村青年在城市遭受挫败后产生的戾气，反而发泄于故乡小镇和故乡人身上。《巨象》也是如此，"山里人"在征服城市的过程中受挫时，却凌辱了更弱小者。李生在大学毕业生后留在城里工作，他的女友是城市本地人，是他的大学同学，但因为他没有房子而一直不愿和他结婚，最终离开。"女友在他心中不知不觉已成为这个城市的象征，和女友在一起，就等于真正进入了城市。女友的离开，被他下意识地理解为进入城市的失败。我终究是个'山里人'，他忧伤地想。"在与女友闹矛盾的时候，李生引诱了刚进入城市上大学的女孩小彦。他也曾在道德上拷问自己，不过马上给自己找到了借口。"我还是个好人吗？他偶尔会问自己。不，我还是

---

　　① 甫跃辉：《刻舟记》，文汇出版社 2013 年版，第 32 页。

个好人。在这样的年代，这本就没什么，不然就太守旧了。"① 在城市里，传统道德被抛弃了，"守旧"是可笑的，性自由、婚姻自由的现代观念成为李生做出卑劣行为的借口。他"凭借早先进入城市的优势"把小彦弄到手后，当另一位大学女同学、有房子的本城人愿意和他结婚时，他很快抛弃了小彦。甫跃辉通过描写乡村人的"城市化"，初步反思了城市文化。他发现，乡土的人情、传统道德不再适用于城市生活，城市里通行的是物质至上、利己主义的文化。

甫跃辉的《巨象》获得第二届"郁达夫小说奖"的"短篇小说提名奖"，他也引起了文坛更多的关注。甫跃辉的创作重心逐渐转向了城市题材小说，影响较大的是"顾零洲"系列小说，包括《动物园》《丢失者》《晚宴》《饲鼠》《坼裂》，以及结集时把主人公名改为"顾零洲"的《亲爱的》《三条命》《弯曲的影子》等。"他们确实就该共同使用这名字——我不禁恍悟，原来李生也好，陈昭晖也罢，这些名字不同的人，本质上却是一个：从乡村来到城市的、正走向中年的、虚弱虚伪虚无而又有所固守的男人。"② 从乡村来到城市的"顾零洲"们，大学毕业后留在城市工作，表面上成了城里人，但在心理层面上，他们"征服"城市、认同城市的"自我"内部的战争，却旷日持久，异常惨烈。其一，在城市中逼仄的生活条件下，"顾零洲"们无法克服自身的异化感。《动物园》中，顾零洲租住在动物园旁的小区里，女友虞丽常来与他相会，但越来越难以忍受动物园飘来的气味。顾零洲不理解女友，反而带她逛动物园，试图改变她的想法，他们最后分手了。顾零洲对于动物园里的动物有着复杂的情感，他梦想过当"动物学家"；他觉得狮子聪明、大象庄严而温柔；而在潜意识里，他也许在自怜自悯，因在某种意义上，进入城市的他如同关进笼子里的"动物"。《饲鼠》中的顾零洲住在破旧、杂乱的筒子楼里，先后捕捉到三

---

① 甫跃辉：《刻舟记》，文汇出版社 2013 年版，第 161 页。
② 甫跃辉：《后记：有一盏灯》，载《每一间房舍都是一座烛台》，作家出版社 2015 年版。

只一模一样的老鼠。他千方百计地捕捉、折磨老鼠，自己也搞得筋疲力尽，神经衰弱，但他对老鼠的情感却戏剧性地发生了变化，偷偷地饲养起第三只老鼠。与此同时，顾零洲一直偷窥对面高楼里的女人，想象着她的美好生活。后来，顾零洲交了女友，害怕她知道自己养老鼠，居然鬼使神差地混进对面的高楼，把老鼠放在那个女人的门外。实际上，顾零洲渐渐把自己与老鼠相提并论了，他觉得自己也不过是生活在城市阴暗角落里的微不足道、由他人决定命运的一只老鼠。他把老鼠放入对面高楼，在幻觉中完成了一次对城市美好生活的侵入。其二，"顾零洲"们只有在情人关系中才能释放自我压抑的情感，只有在性的放纵中才能获取自我的存在感。《亲爱的》《坼裂》等小说中，顾零洲与其他城市的某个女人保持了长期的情人关系，他们为了相会，分别离开各自的城市，来到铁路沿线的各个地方。他们相互吸引，相互喜欢，情感纯粹而浓烈，每次做爱都很疯狂。但他们小心翼翼地不去破坏家庭，也不想结合在一起。他们私会之后的感觉是，"有一点儿忧伤，又有一点儿不舍。但很快这些情绪都消失无踪了。只有欢愉，这是一具年轻的肉体和另一具年轻的肉体所能彼此给予的欢愉"[1]。但当他们不再年轻了，无法获得这种欢愉后，情人关系便走向终结。"顾零洲"们对待本城女友，常是把她们看作城市的象征，以自卑心和功利心去征服；而对待这些来自其他城市的女人，他产生了纯粹的情欲，然而这种肉体的"欢愉"毕竟有违道德，也是不长久的，他们终究还是"虚弱虚伪虚无"。其三，"顾零洲"们的"有所固守"，其实是固守自己征服城市的成果。正如陈思和的分析，"在甫跃辉的小说里，顾零洲的面目不清的妻子来自上海的家族，而他的多变的情人却总是与他一样的异乡人，所以他的婚姻也是与这个城市的联姻"[2]。《亲爱的》中，顾零洲将要结婚，了结了自己与有夫之妇傅筛的十年情人关系，然而，只要不威胁到

---

① 甫跃辉：《每一间房舍都是一座烛台》，作家出版社 2015 年版，第 33 页。
② 陈思和：《序言》，载甫跃辉《安娜的火车》，北京十月文艺出版社 2015 年版。

自己的婚姻和已有的地位，他很可能寻找下一位更年轻的情人。"他，不过是个无耻之徒。""和女孩搭话前，他一再重复着这个词：无耻之徒！"[1] 李生自问"我还是个好人吗"，顾零洲自称"无耻之徒"之类偶然产生的罪恶感，这些乡村子弟内心残留的传统道德，在城市中似乎已经没有"固守"的必要了。正如傅笛对顾零洲所说的，"你现在可以了，可以去勾引小女孩儿了，小女孩儿就喜欢你这样事业有成的中年男人！"[2] 当"顾零洲"们通过与"这个城市的联姻"，积累资本，"事业有成"时，他们终于也成为"小女孩儿"眼中的城市象征了。甫跃辉不断书写"顾零洲"们的性与婚姻，深刻地表现了在现代城市中金钱和资本的逻辑对人性和道德的扭曲。

甫跃辉对于乡村文化和城市文化都不认同，进行双管齐下的批判。丛治辰认为甫跃辉笔下的城市与乡村是"同构的"，"我们将发现，无论城市题材还是乡村题材，甫跃辉小说中永恒不变的正是这样一种边界，这边界由内心欲念和外在限度共同构成"[3]。他的"内心欲念"以及强大的自我意识具有现代性，他吸取了许多启蒙主义思想，但在后现代社会，他的思想立场似乎使其小说创作陷入了矛盾和困境。表现乡土时，甫跃辉常进行"寓言"化叙事，比如《鱼王》《鹰王》等，但象征指向并不明确，有一点批判国民性的意味，又宣扬乡土中的某种神性。而他笔下"顾零洲"们"城市化"堕落史，对于城市和消费社会的批判还停留在外部，不能直指后现代社会的症结。然而，甫跃辉坚持"城市异乡人"身份，决不妥协地进行文化批判和反思，其徘徊于城乡的文化认同也因此成为"80后"一代重要的心理典型，他的主题意蕴中含混的城市和乡村叙事也具有独特的文学意义。

---

[1] 甫跃辉：《每一间房舍都是一座烛台》，作家出版社 2015 年版，第 59 页。
[2] 同上书，第 52 页。
[3] 丛治辰：《外部世界与内在自我：我们时代的侨寓困境——甫跃辉论》，《名作欣赏》（上旬刊）2013 年第 12 期。

第六章 "80后"青春叙事的总体评价和反思

　　"80后"作家在青春叙事中宣泄和疗救着时代文化巨变下的自我认同危机，他们先后叙述了自我同一性、群体身份、文化身份等不同层面的认同的痛苦蜕变。实际上，"80后"作家也是被自身成长经历和社会力量所左右，他们的青春叙事呈现了自我心理的冲突和反抗，因而也是当代中国社会发展征候的文学映像之一。当然，"80后"青春叙事的主题价值高低还取决于他们表现自我认同的真诚和生动程度，以及他们思考自我认同危机与社会生活的关联性的复杂和深刻程度。同时，"80后"在文学传统的继承和艺术创新等方面，还面临着自我认同叙事带来的亟待克服的种种困境。他们只有超越这些局限，才有可能走进当代杰出作家之列。

第一节 "80后"青春叙事的基本特征与价值

　　"80后"青春叙事由于关注于自我认同的表达，常被指责为脱离社会历史，封闭于小我的世界，如上文中提及的代表性观点："'小我'、自恋与封闭"① 和"一种普遍的历史虚无主义"②。然而,这些类似的批判有失偏颇。一是这些文章中常见的例证是郭敬明、韩寒为代表的早期和市场化程度较高的"80 后"作家,他们实际上已不能说明"80 后"青春叙事的思想和艺术的高度。从创作伊始就怀有纯文学理想的张悦然、颜歌、张怡微,以及后起的具有严肃创作态度的文珍、甫跃辉等"80 后"作家早已超越他们。二是批判者没有很好地结合时代文化巨变的历史背景来理解"80 后"创作的心理动因,进而也不可能真正地理解"80 后"青春叙事根本的主题内涵。

总体来看,"80 后"对自我认同的叙事隐含着两个基本特征。其一,对于激烈的心理冲突的真实呈现。"80 后"青春叙事主题可以归属于文学的一个恒久的主题,"文学历来关心和身份有关的问题。文学作品对这些问题也或清晰或含蓄地描绘出答案。在不同角色界定自己,同时也被他们各自不同的经历、不同的选择和社会力量对他们的作用这个大混合物所界定的过程中,叙述文学始终追踪着他们的命运"③。因此,"80 后"作家在创作中特别关注自我的"身份"问题,是在特定历史条件下"界定自己"的迫切需要,他们的叙事作品"追踪着他们的命运"。不能把他们对"自我"的表现,简单地视为主题选择的低龄化、不成熟,以及封闭、与社会脱节,从而否定其主题内涵。实际上,"80 后"青春叙事所呈现的自我心理并不幼稚和简单,而是在自我认同心理的各个阶段、各个层面上都具有复杂和激烈冲突的特点。由于社会基本面貌和时代主导文化的变迁,他们过去的自我和现在的自我扞格不入;由于社会生活的复杂化和文化的多元化,他们又陷入身份选择的迷茫,断裂了未来自我的想象。至于"80 后"对自我心理书写的"真实性",也毋庸置疑。即使韩寒、郭敬明、春树等早期"80 后"作家,尤其是他们被文学市场"捕获"之前,对于自己的

---

① 胡哲:《"八〇后"文学的限度及走向》,《当代作家评论》2015 年第 1 期。
② 杨庆祥:《"八〇后",怎么办?》,《东吴学术》2014 年第 1 期。
③ [美] 乔纳森·卡勒:《文学理论入门》,李平译,译林出版社 2013 年版,第 115 页。

反叛心理和愤怒、忧伤情感的表达，也是生动和真实的。而张悦然、周嘉宁对于"爱欲"心理变迁的细腻描摹，张怡微对于重组家庭中身份认同的反复书写，文珍对于"新市民"病态心理的深入开掘，等等，都显示了"80后"作家敢于袒露和剖析真实自我心理的文学勇气。

其二，以文学的方式对抗着历史，即后现代社会及其文化的来临。"80后"对于自我认同的叙事并非"历史虚无主义"，而是一定程度上表现了个体生命在遭受社会历史碾压时的反抗精神。当然，这种社会历史不是过去的革命历史，而且当代社会变革和文化变迁的历史。在当代文学的"十七年"时期和"八十年代"，由于革命历史和政治主流意识形态这一强大、坚固的"他者"形象，叙事作品对其迎合或者反抗的主题倾向都显得比较清晰和明确。在90年代，"新生代"作家的"个人化"写作则出现了反抗和迎合的暧昧。"或者说，他们一方面表现着对于政治和商业文化的抗击，另一方面，他们又不得不对之有所畏避，对商业文化则时不时抛出媚眼。"① 而"80后"作家在成长过程中受到政治和商业文化逐渐融合而成的"新意识形态"② 更强大的遮蔽，毋庸讳言，这造成"80后"作家政治意识的淡化，但他们能够真实地书写自我认同心理的冲突，却从文化的角度反抗了"新意识形态"和后现代社会对自我精神的消解。而且，"80后"作家在真切地体验了"个人化"时代的孤独和痛苦之后，反而减弱了"个人化"的追求。他们表现出更加宽容、开放的文化心态，产生了关注同世代人和回顾传统文化、地方文化的群体意识。

因此，"80后"对于自我认同的叙事具有不可忽视的文学价值和意义。具体表现在以下几个方面。首先，刻画了"80后"一代人痛苦的心理蜕变，烛照了社会经济和物质发展成就的背面。"80后"曾经被认为是最幸福的一代人，出生在"文革"之后，成长于和平发展、物质日益丰富的时

---

① 贺仲明：《中国心像——20世纪末作家文化心态考察》，中央编译出版社2002年版，第250页。
② 王晓明：《九十年代与"新意识形态"》，《天涯》2000年第6期。

代，而且因为计生政策被称为"独生子女一代"，万千宠爱集一身，是小皇帝、小公主。"80后"自己的体验和感受，却与此大相径庭。"从我自己来讲，我们还是经历了时代巨大的变迁，都市更新，包括我们所体会到的一切，房价、工资、社会阶层的流变，非常严酷，并不是长辈们告诉我们的，我们有多么温适，多么无忧无虑。"① 这种"非常严酷"的心理感受和表达，是"80后"被前辈人误解的地方。因为对于"80后"一代而言，既没有战争和政治运动的戕害，也没有饥饿和失学的痛苦，所以"80后"对自我认同的书写，也在很大程度上被视为无病呻吟。

然而，面对经济、物质大发展的"中国奇迹"，"80后"青春叙事作为文学的价值正是在于拒绝讴歌、赞美这一发展神话，而是表现物质丰富、经济腾飞的背面，打捞宏大历史忽视和遮蔽的个体体验、心理痛苦和文化的失落等方面。除了郭敬明崇拜全球资本的"伟力"和呼应"个人奋斗"的新意识形态之外，绝大部分"80后"作家表现了自我面对城市化、消费社会的心理痛苦。春树、李傻傻、甫跃辉等人的小说刻画了乡村子弟来到大城市的心理冲突，主人公要么投入青年亚文化中暂时逃避，要么游荡在城市的边缘，要么像"老鼠"一样卑微地生活在城市的角落。而在社会物质日益丰盛的同时，消费主义、市场逻辑渗透和扭曲着全社会的道德伦理和价值观，张悦然、周嘉宁表现了这种文化变迁中爱欲的衰败和心理结构的巨变。"80后"青春叙事表现自我心理的撕扯和痛苦，揭示了经济高速发展神话下普遍存在的心理创伤。

其次，"80后"青春叙事重视个体的体验，详细地讲述自我认同的发展，反映了时代文化巨变的氛围中现代个体的艰难形成。詹明信曾指出西方进入后现代社会时个体的主体性危机，"踏入后现代境况以后，文化病态的全面转变，可以用一句话来概括说明：主体的疏离和

---

① 张怡微、傅盛裕：《"我们经历了巨大变迁"》，《文汇报》2015年7月7日第10版。

异化已经由主体的分裂和瓦解所取代"①。但中国进入后现代社会的情形有所不同，一方面中国只有东部发达地区和区域大城市进入了后现代文化主导的社会，其他地方还处于相对传统的社会形态中；另一方面，中国具有悠久的传统文化，对于中国人心理的形塑还发挥着潜在而巨大的影响。

因此，"80 后"在成长经历中，濡染或接受着传统文化、现代主义和后现代文化的共时和混杂的影响，这种多元的文化氛围既导致了"80 后"成长过程中自我认同危机的爆发，也给予了他们解决自我认同危机的不同选项和契机。即使是郭敬明那么"卑下"地崇拜全球资本的力量，拥抱消费主义、时尚文化，但他也坚守传统文化中对友情、爱情的纯真态度，对父母的感恩和深情，比如他在《小时代》等小说中描写的人物情感，以及在《雨世》《私想家》等散文作品中的故乡回忆和真情流露。而笛安为了克服后现代生活中无边的孤独，在"龙城三部曲"中重温了传统的家族情义，在对照个体对物质生活的追逐和家族责任的同时，也试图把两者结合。甫跃辉小说对乡村文化和城市文化都怀有批判眼光，坚守着现代文学传统中启蒙主义的主体性。所以，从根本上说，"80 后"执着地表现自我体验和自我感受，是对现代个体精神的追寻而不是消解。在复杂的多元文化环境中，他们有所取舍，有所坚持，追寻一种既符合当代现实生活又带有中国文化底蕴的现代主体。

再次，青年人自我认同危机的解决最终取决于社会危机的解决，"80 后"对自我认同危机的表现称得上是一种提出问题的方式，而且对社会危机的解决也不无启迪意义。韩寒、春树、孙睿的"反叛"叙事，细腻地描写了学校生活和应试教育对于青年人心理严重的挫败，昭示着学校教育改革的迫切性。张悦然、周嘉宁的小说呈现后现代大都市已沦为爱情、人情

---

① ［美］詹明信：《晚期资本主义的文化逻辑：詹明信批评理论文选》，张旭东编，陈清侨等译，生活·读书·新知三联书店 1997 年版，第 447 页。

消逝的"荒芜城"的一面；文珍、甫跃辉的小说则直面青年人在城市生活中心理的病态和扭曲。"80后"青春叙事通过自我认同危机的展开，实际上提出了一系列的社会问题，直指社会巨变中教育、伦理、文化的某些方面的沉沦。

同时，他们也试图解决和超越自我和社会的危机。比如，张悦然的小说试图在后现代社会中重新唤醒爱欲的力量，并重视艺术的力量；而周嘉宁在长篇小说《密林中》等作品也表达了艺术至上的观点，同时强调女性的主体性，力图超越过去那种依附于男性的爱情观。而颜歌在文化全球化的冲击下，选择书写故乡小镇社会，认同地方文化和传统文化，挖掘其符合人性、人情的美好之处。

"80后"青春叙事对自我认同心理蜕变的呈现，有助于我们认识经济高速发展下的社会危机，并从"80后"不同的自我重建和文化归属中获得启迪，进而建立一种宽容的、多元并包的，而不是消费主义、大众文化一统天下的社会精神文化。

第二节 "80后"青春叙事的思想局限与艺术困境

然而，如果从更高的思想价值标准来看"80后"青春叙事，其局限性也十分显著。一方面，"80后"作家专注于自我的表达，对社会现实生活缺乏客观的、深刻的反映。他们的青春叙事主要是倾诉自我的精神苦痛，而把社会生活更多地视为自我痛苦的来源，进行激烈地批判和否定性的表现。韩寒、春树、孙睿等人对学校教育的批判是如此，张悦然、周嘉宁、文珍、甫跃辉等人对后现代城市生活的否定也是如此。这种对于社会现实生活的反映，带有强烈的主观性和情感倾向，而缺乏必要的客观、理性的分析和透视。因而，他们的反叛和反抗也显示出方向上的迷茫和困惑，对社会生活缺乏深入的思索，也就无法改变和行动。他们的青春叙事，更多地描写了激烈反叛或者困顿病态的青年人，难以塑造一种具有自主意识和行动力的主体形象。

另一方面，"80 后"作家对自我认同的书写，显示出他们有所认同之后的精神状态，不过是一种妥协和暂时的心理平衡，与"民族精神的重建"这一当代中国的思想目标距离尚远。无论是张悦然小说中青年人"离家出走"，还是文珍小说中"新市民"逃离到拉萨，他们最终还会回到消费主义的大城市，在获取一种"宿命"的人生观后"成长"。颜歌对地方文化和人情的书写还停留在自己成长的 90 年代，对当前社会缺乏深入的思索而失语。在后现代主导的文化氛围中，对于重建民族精神而言，既有契机，因为可以超越现代启蒙思想对传统文化、地方文化的彻底批判，也有挑战，因为消费主义和大众文化的消极影响极大。显然，"80 后"还没有能力为重建民族精神提供一种思路，他们的青春叙事迄今停留在个体的心理冲突和平衡的层面，而不是发现或建立一种精神的信仰。

而且，为了宣泄、释放自我认同危机的心理能量，"80 后"作家在讲述自我认同的心理历程时，着重表现自己的情绪、情感，而相对地忽视理性的作用和思想的探索。于是，他们的青春叙事便出现情与理的失衡而长期陷入了艺术困境：一是情感的泛滥造成了叙事的修辞化倾向；二是思想的匮乏造成了作品艺术模式的坍塌，一些"80 后"作家在试图营造象征和寓言的深层意蕴结构时，发生能指与所指的断裂。

一 情感的泛滥与修辞化倾向

青春期的自我体验是"80 后"作家最重要的写作资源，尤其在早期"80 后"作家的作品中，青春期的情绪、情感的抒发最为显著，影响了小说语言、人物、情节、意义等各个方面。据此，有批评家把"80 后"代表的文学写作倾向命名为"新性情写作"，认为其特征是表现"真性情"，

"直抒胸臆，率性率真，秉具童心，倾笔言情"①。但"80后"青春叙事能否归宗于袁宏道、袁枚的"独抒性灵"一脉，是值得商榷的。袁宏道、袁枚等人回归"童心"，是为了解除道学束缚，表现本真的人性，是成年后主动的文化、文学选择，他们作品中呈现的性灵、性情充盈着经过审美过滤和提纯后的美感。

而"80后"作家的创作与此大相径庭。一方面，"80后"作家正经历着自我认同危机的"心理风暴"，他们几乎以"进行时态"记录着青春期的感受和思考。他们的多愁善感、情绪化表达，并非对"童心""真性情"的主动追寻。另一方面，"80后"抒发出来的情绪、情感比较强烈，而且消极性情绪占主导地位。由于面对的社会问题和个体生命阶段、文化素养的差异，他们的"童心""真性情"不是文化上的心灵纯真，更多的是自然、天然的纯真和芜杂，缺乏美学上的精致和隽永。

实际上，"80后"作家的情绪化、情感化表达倾向，主要造成了小说叙事的强烈的修辞化。这里所说的修辞不是指美国学者 W. C. 布斯在《小说修辞学》中广义的小说修辞，而是狭义的，主要指语言层面。为了表现自我认同的痛苦和宣泄情感，早期"80后"作家主要倚重语言上的修辞。韩寒在《三重门》中学习了钱锺书的幽默和讽刺，常常引经据典，又苦心经营绝妙的比喻。但韩寒没有树立钱锺书的人性立场，"写这类人，我没有忘记他们是人类，只是人类，具有无毛两足动物的基本根性"。② 韩寒不遗余力地嘲讽那些不学无术的教师、耍弄权术的教育管理者、不无心机的同学，但他在运用讽刺时缺乏人性的悲悯和同情，只是宣泄着愤怒、轻蔑的情感。在其后的小说创作中，韩寒放弃了比喻和引用等修辞格，但仍善于制造一些幽默、讽刺的警句、妙语，不无得意地在小说中作为语言包袱抛出，这一点在很大程度上影响了小说叙述的连贯和流畅。郭敬明善于在

---

① 张未民：《关于"新性情写作"——有关"80后"等文学写作倾向的试解读》，《文艺争鸣》2006年第3期。

② 钱锺书：《围城》"序"，人民文学出版社1991年版。

小说中抒情，退回童年的心理倾向让他沉溺于情感。他抒发高考压力、同学离别、爱情受阻的忧伤，以及校园暴力、家庭不幸造成的悲伤。在《1995—2005 夏至未至》《悲伤逆流成河》等小说中，以疑问句"你知道吗"之类开头、独白式的排比段落，发展成为郭敬明标志性的抒情言语方式。这类修辞手法运用得如此夸饰，过于频繁，有时不免从抒情堕入煽情。而春树的小说中以直白的口语，把自己的喜怒哀乐、寂寞、烦躁等情绪随时表达出来。这从《北京娃娃》的许多章节名可见一斑，如"我爱五道口""卑鄙小人""极端无聊""没劲""啦啦啦""烦死我了"，等等。

早期"80 后"作家的修辞化倾向，除了宣泄情绪和抒发情感的需要，也体现了"作文体"的影响。尽管他们猛烈地抨击学校教育，但吊诡的是，他们的文学手段大多数还是中学语文所给予的，他们的作品残留了"作文体"的痕迹。中学语文重视句法、语法、修辞手法等知识的传授，也有着周记、日记、作文课等写作方面的强化训练。春树受日记体、"作文体"影响很深。"我在写东西的时候，习惯用钢笔，蓝黑墨水，这都是初中给我留下的习惯。因为这像是初中生的写作。""我最早的写作启蒙就是几本从学校门口买到的作文集。"[1] 而且许多"80 后"作家从"新概念作文大赛"起步，尽管"大赛"鼓励青少年大胆地表达自我的真实感受，但说到底，仍是"作文"形式。

张悦然、周嘉宁、张怡微等"80 后"作家的创作历程，表现出他们逐渐节制情感、克服"作文体"的努力。张悦然早期作品也曾受到文学市场的不良影响，有类似郭敬明的情况，比如长篇小说《樱桃之远》的最后几章常用排比句宣泄情感，表现爱情、友情消逝的"忧伤"，也有煽情之嫌。她还擅长"比喻"这一修辞格，比如长篇小说《水仙已乘鲤鱼去》多次以比喻的方式来描写人物心理和性爱。但她很快放弃了运用修辞手法进行抒情和描写的写作方式，而采用典雅、精练的语言进行白描，情感表达十分

---

① 春树：《红孩子》，二十一世纪出版社 2007 年版，第 3 页。

节制。周嘉宁早期青春叙事作品也是存在大量的抒情语句和段落，如长篇小说《往南方岁月去》中随处可见对友情、爱情的赞美和感伤，但从长篇小说《荒芜城》开始，她的小说叙事语言已截然不同，接近了"零度叙事"。当然，张悦然和周嘉宁的叙事艺术的变迁，与她们对于后现代社会爱欲形态的观察和思考密不可分。而张怡微一直不能对"原生家庭"的分崩离析释怀，她的作品显示了内心情感的长久的挣扎。她的小说作品始终保持着散文化的形态，抒情和议论常常情不自禁地从叙述的缝隙中流淌出来。但她的叙事艺术也逐渐成熟，小说中的抒情和议论既蕴含了深切的人生体验，又更加紧贴着叙事，与叙事水乳交融，呈现了一种如怨如诉的语言风格。

修辞化的叙事显露了"80后"作家在叙事艺术上的稚嫩和缺陷。首先，从叙事话语层面上看，许多作品中隐含作者、叙述者、主要人物的视角、态度、情感常常是一致的，带有自叙传色彩，因此不能形成复杂的现代小说叙事结构。其次，小说的情节和思想薄弱。小说中的抒情或者议论常常打断情节的发展，可以独立出来，成为表达情感、意义的主要手段；小说的意义主要不是从人物行动中传达出来的，而是由作者声音、叙述者声音直接表达出来。再次，小说情感表达和语言修辞的突显，造成了小说的风格化倾向。"80后"小说叙事最先获得评论家关注和概括的特征就是鲜明、突出的风格。"显而易见的是，风格化艺术，即一种显然过剩的、缺乏和谐的艺术，永远不可能成为最伟大的艺术。"① 因此，"80后"作家必须克服这种过剩的、缺乏和谐的风格化，才能达到小说叙事艺术的成熟。

二 思想的匮乏与象征意指的断裂

为了改变青春叙事的抒情化和修辞化的写作方式，一些"80后"作家

---

① ［美］苏珊·桑塔格：《反对阐释》，程巍译，上海译文出版社2003年版，第23页。

尝试建构小说叙事的深层模式，采用了寓言化和象征的方法。然而，由于对社会现实生活和主体精神缺乏深入而独特的思考，他们虽然十分细致地描绘了具有象征指向的非现实的事物，也不能形成明确和深刻的思想意蕴，象征意象和言语的能指和所指之间发生断裂。

颜歌曾经热衷于描写"魔幻"的事物，在叙事中加入象征的手法。她的成名作《异兽志》称得上是一部魔幻现实主义的小说，讲述"永安城"里人与兽杂居在一起生活的故事。但小说中的悲伤兽、来归兽、荣华兽等兽类，除了外形奇特外，其实在职业、阶层和品性方面与人无异，而且小说最终解开的悬念不过是，人比兽更坏，统治、利用、虐待兽的人类其实是兽类。因此，这部小说中的魔幻色彩并没有深刻的寓意，而这样的象征手法并不比写实更高明，反而显得"文胜于质""形式大于内容"。颜歌在长篇小说《声音乐团》中营造了复杂的"书中书"叙事结构，叙事内容上延续了《异兽志》的人兽共存的世界，但大幅度减弱了魔幻色彩，加强了写实。小说主要讲述了主人公刘蓉蓉曾在成长过程中遭遇"强暴"事件以及父亲的外遇造成的家庭变故，引发她与孙震、周云涛之间的爱恨，乃至仇杀。但小说十分写实而生动地描写了城市里的市井生活和酒吧里的场景。仅有的魔幻色彩是人物口中多次提及的"巨兽的鸣叫"。本来，这种"巨兽的鸣叫"似乎指向远古、自然的神秘和力量，对比着都市男女的虚伪、卑微的生活，然而，小说最后揭示了"巨兽的鸣叫"的真相，原来兽真的存在过，而小说的主要人物都吃过兽的肉，因而获得了非凡的音乐才能。这一恐怖小说般的悬念揭示，把"巨兽的鸣叫"落到了实处，反而断裂和限制了象征意象的所指。当然，这种象征意蕴的缺失最终反映了作者对现实社会的超越性思考和思想的匮乏。

甫跃辉在小说创作中也常常营造象征意象，他笔下的意象主要是动物，如《红马》中的红马、《鱼王》中的鱼王、《巨象》中的大象、《动物园》中的大象等动物、《饲鼠》中的老鼠，等等。早在习作长篇小说《刻舟记》中，甫跃辉描写了超越乡村现实和人情的妹妹形象，她充满爱心，养过各种小动物，最后因为寻找逃跑的鹦鹉而溺亡。"妹妹像一个温顺的婴儿，静静浮在水面，周围散着几大瓣血一样艳红的荷花，她手里还攥着一支折断的。那只漂亮而高傲的绿毛鹦鹉停在荷花塘对面的一株柳树上，沉静地注视着沉睡的妹妹。当惊恐而悲伤的人群从四面涌来，它飞走了。"① 鹦鹉曾被刘家木折断翅膀，妹妹养好了它的伤，然而情感柔弱、天性善良的妹妹却因它而早夭。作者似乎想赋予"那只漂亮而高傲的绿毛鹦鹉"更深层的含义，然而只是用"沉静"一词来形容人类无法理解的生灵和态度，断裂了进一步超越性的意味，"妹妹之死"也因此止步于一种忧伤情绪的表达，缺乏更深刻的含义。短篇小说《红马》由于是甫跃辉改编的他听来的乡村故事，小说中的"红马"意象十分动人地表现了乡村的神奇和生命力。

然而，甫跃辉在以后的创作中主要吸取了启蒙主义的思想，他对乡村和城市文化都持有批判态度，当他企图赋予意象更多批判意蕴时，却因思想的矛盾或平淡无奇而停留在表面。《鱼王》从一群乡村少年的视角讲述了村民的自私和疯狂导致鱼王的死亡。"鱼王躺在干裂的岸边湿地，硕大黑亮的脑袋、光滑闪亮的巨大鳞片、巨型剪刀一样的尾巴，组合起来像一辆满载货物的小型拖拉机。""白水湖里真有鱼王！鱼王不是什么了不得的东西，只是一条特别大的鱼罢了。"② 小说描写"鱼王"不过是一条大鱼，显示了乡村神话的"祛魅"过程，但小说又描写鱼王死亡后发出腐臭味，让全村人呕吐一个月，整个村子瘫痪，而且最后又写到鱼王的骨架中的一根巨大的刺不见踪迹，这些细节似乎又意图给"鱼王"附加神秘的象征意义，进行非写实性的批判现实，可见，他的思想的矛盾让小说中的象征的能指漂浮不定。

而甫跃辉表现乡村青年进城的《巨象》《动物园》《饲鼠》等小说，

① 甫跃辉：《刻舟记》，文汇出版社 2013 年版，第 129—130 页。
② 甫跃辉：《少年游》，作家出版社 2011 年版，第 232 页。

由于批判思想的平淡，也难以赋予深刻的意蕴。如《动物园》中，顾零洲来自乡村，在城市里工作后租住在动物园旁边。他喜爱动物，但女友虞丽却讨厌动物的气味，与他发生矛盾，最终离他而去。但小说中的大象等动物的意象却缺乏象征意味，"他眺望着月光下的动物园，大象影影绰绰的，在人们安静的夜里，它们仍清醒着。这样静谧的时刻，他才真正体会到那句话的含义：大象的生活充满了庄严、温柔的举止和无尽的时光"①。作者虽然对比了大象的生活与城市中人们的生活，但又缺乏深刻的批判思想，甚至小说中也交代了描述大象生活的"那句话"，其实来自《美国国家地理》纪录片，因此"大象"的象征意味也不可能得到有力的表达和有效的传达。

除了颜歌、甫跃辉，其他"80后"作家也曾运用象征的方式传达情感和思想，比如张悦然对童话的改写，文珍创作成人童话《乌鸦》，等等。但总体上来看，由于"80后"作家在自我认同的叙事中，更重视情绪、情感的抒发，而对自我和社会没有形成客观、独特而深刻的观念和思想，他们试图在小说中运用象征手法，营造意象时常常力不能逮，半途而废，而象征的能指最终漂浮不定或者含混不明。

"80后"青春叙事的思想局限和艺术困境产生的根本原因，是他们对创作主体的认同和文学主体性的信仰，受到了大众文化和消费主义等后现代文化征候的不良影响。

首先，"80后"作家对自我意识和自我心理过分关注，轻视了文学本身的价值和意义。一方面，某些"80后作家"热衷于表现自我，甚至只会写自我，他们的文学创作长期困囿于狭小的个人生活之中。实际上，他们的很多作品与个人生活、自身经历已经构成了一种互文关系。对于生活的观察、理解过于狭小、片面，这是限制他们作品价值的主要原因。春树的《北京娃娃》《长达半天的欢乐》等作品被出版商冠以"残酷青春自白"

---

① 甫跃辉：《动物园》，上海文艺出版社 2013 年版，第 56 页。

"少女私小说""半自传体小说"之类名目来夺人眼球。这些概括带有营销目的，但也基本上符合作品的特征。郭敬明的青春叙事也常以自身经历为蓝本。他在很早的一篇散文《一个仰望天空的小孩》中说："我只是善于把自己一点一点地剖开，然后一点一点地告诉他们我的一切。我不会是个好的写小说的人，因为我不习惯去讲别人的故事。"① 确实如此，比如他的长篇小说《1995—2005 夏至未至》，通过讲述傅小司的故事，将自己从内地小城到大城市读书、成名的经历完整地梳理了一遍，包括为自己的"抄袭事件"辩护。到了《小时代》，小说中的人物多次明贬暗褒地谈论"著名作家郭敬明"，恐怕也是"自恋"的表征。虽然书写自我也是文学创作的一种途径，中外文学史上都有"自叙传"小说，但真正有价值的"自叙传"小说，应以个人的经历与挣扎折射出人性的矛盾深邃，反映出生活的错综复杂，而不是个人生活的暴露。

另一方面，在文学市场化的影响下，某些"80后"作家特别重视个人的外在形象，甚至有文学"明星"的自我认同。这种不良的风气，是20世纪90年代"美女文学"的延续。在早期"80后"青春叙事书籍中，常常加入大量的作者图片。比如，春树小说的初版本中有大量的插图，主要是作者的生活照，直接展示作者染发、抽烟、大胆穿着、桀骜不驯的"朋克"形象。又如郭敬明书籍中的图片则是漫画或"艺术照"，图中青春阳光、俊朗时尚的形象恐怕是一种自我的美化，或者说是"理想自我"。另外，张悦然、颜歌、落落等人作品集中也有图片或漫画。这些插图与作品的内容、风格一致，直接传递作者的形象、个性、品位。

其次，"80后"作家凭借大量的大众文化、流行文化、时尚文化互文本建构主题意义，缺乏对生活的深入观察和独特的体悟。法国理论家茱莉娅·克里斯蒂娃指出："任何文本都建构得像是由无数引语组成的镶嵌画。

---

① 郭敬明：《左手倒影·右手年华》，上海译文出版社 2003 年版，第 64 页。

任何文本都是对其他文本的吸收和转换。"① 因此，从互文本的内容以及引用的方式的角度，可以透视文学作品的艺术价值的高低。在"80 后"的成长过程中，学校教育是如此的刻板、枯燥与重压，而在课外，大众传媒传播了太多的大众艺术作品。

对于"80 后"作家而言，这些大众艺术作品不仅遮蔽了生活的本来面目，而且形塑了他们观察和理解生活的方式。比如，落落热爱动漫，她在《年华是无效信》的"后记"中说："毕竟受动漫影响至深，才会形成如他们一般的思考回路。这是个潜移默化的影响，植入身体深处，三言两语无法讲清。如同细胞在光线下悄然地改变了结构，伸出不可预料的触角。"② 事实上，这部小说常用动漫、电影互文本来描摹主人公宁遥的心理活动。读者必须对这些互文本有所了解，否则对作品的意义将很难领悟。在张悦然小说中，各种服饰、香水、用品带着品牌符号成为互文本。"我没有再买 Only 和 Lebi's 牌子的衣服，因为觉得它们太过于中性化了，我开始喜欢繁复的花边和层层叠叠的蕾丝。"③ "我拥有过许多香水。CD，Lancome，Chanel No.5。它们比 Kenzo 更好。我热爱它们，因为它们单纯。它们仅仅是香水。我却不敢拥有 Kenzo。我不知道被收藏在那种香味里的过往会不会在我打开瓶子的那一刻骇然地冲出来，迅速在我的头顶聚集成一块小云彩。从此我将生活在雨天。"④ 如果说，在张悦然的小说中，物质文化文本或符号还关联个人的品位或者经验，那么，到了郭敬明的小说中，一些物质文化文本几乎以奢侈品本身的意义传递单一的观念。《小时代》中奢侈品符号的出现成为常态。有评论家甚至从《小时代》中整理出一个

---

① ［法］茱莉娅·克里斯蒂娃：《词语、对话与小说》，张颖译，《符号与传媒》第 3 辑，四川大学出版社 2011 年版，第 219 页。

② 落落：《年华是无效信》，春风文艺出版社 2005 年版，第 153 页。

③ 张悦然：《葵花走失在 1890》，作家出版社 2003 年版，第 66 页。

④ 同上书，第 137 页。

"时尚生活指南"①，从 Birkin 包、Channel 发带、NO. 5 香水、NinaRicci 连衣裙到奔驰 S500 等，一系列奢侈品符号以其原有的含义冲击着读者的神经。

而笛安在《告别天堂》中设置了一个音像店，小说人物在成长过程中常聚在一起听歌，看电影。因而这部小说吸纳了极其多的大众艺术文本：在音乐方面有张国荣、张学友、林忆莲、张信哲，任贤齐的《心太软》、蔡琴的《渡口》、罗大佑的《童年》等；影视有《霸王别姬》《阿飞正传》《重庆森林》《东邪西毒》《纽约黑帮》《牯岭街少年杀人事件》《蓝色生死恋》《危险关系》《欲望号街车》《甜蜜蜜》《梁祝》《破浪》《黑暗中的舞者》《巴黎最后的探戈》《三十七度二》《十面埋伏》等；动漫有"一记流星拳"、一休小师父、小叶子，等等。笛安似乎对这代人的局限有相对清醒的认识，她借主人公宋天杨之口说："我是听着情歌长大的孩子。我们都是。在我们认识爱情之前，早就有铺天盖地的情歌给我们描摹了一遍爱情百态。"② 因此，"80后"作家大量运用互文本似乎是无奈之举，在青少年时期所接收的大众艺术已经塑造了他们的思维与情感模式，他们很难再以本真的眼光观察世界，很难形成对生活的独特体悟。这是对"80后"作家的巨大挑战，只有摆脱大众文化的影响，真正面对生活，才能从生活中形成独特见解和价值判断。

再次，"80后"作家对文学传统缺乏认同，没有"影响的焦虑"，艺术创新动力不足。从文学谱系来看，"80后"作家是断裂的一代，他们不再苦心孤诣地学习"先进"的西方文学潮流，也不再跟从中国前辈作家的文学脚步。在"80后"作家的成长过程中，中国进入后工业时代，文化产业与世界同步发展，各种大众文化产品如同井喷般生产出来，冲击着传统文化秩序。这一文化环境对于"80后"作家的文学主体精神有两方面重大影响。

---

① 黄平：《"大时代"与"小时代"——韩寒、郭敬明与"80后"写作》，《南方文坛》2011年第3期。

② 笛安：《告别天堂》，春风文艺出版社2005版，第31页。

　　一方面，他们失去了对文学传统的尊崇感，一切文化资源皆可为我所用。从"80后"青春文学中的互文性可以看出，他们受大众文化的影响很多，一些对文学传统有深入了解的"80后"作家也是如此。比如笛安的长篇小说《告别天堂》中有很多文学互文本。女主人公宋天杨对加缪的《局外人》有强烈的共鸣，还喜欢海子的诗、《红楼梦》《小王子》，白先勇的《金大班的最后一夜》《玉卿嫂》《永远的尹雪艳》《那片血一般红的杜鹃花》，张爱玲的《倾城之恋》《金锁记》《红玫瑰与白玫瑰》，鲁迅的《伤逝》，张承志的《黑骏马》，卡夫卡的《变形记》，等等。但笛安似乎对电影《霸王别姬》与加缪的《局外人》同样崇敬，她的另一部长篇小说《芙蓉如面柳如眉》，甚至以电影《牯岭街少年杀人事件》的台词节选作为卷首语。这说明"80后"作家可以从各种文化产品中获得启迪与滋养，他们无须独尊文学经典。然而，文学与大众艺术的媒介毕竟不同，文学有自身的艺术规律，"80后"作家对其他文化产品的过分借鉴，必然使其作品丧失文学独有的表达方式，造成文学品质的下降。

　　另一方面，文化产业的兴盛催生了文化消费主义，许多"80后"作家的目标是写出畅销的好故事，对小说艺术的创新缺乏兴趣。"80后"作家起初是因为对自我、个性的出色表现而获得同龄读者的追捧，之后，郭敬明等人自觉追求小说的畅销，逐渐突破了青春叙事，在小说中加入更多通俗故事因素，比如商战、案件等。郭敬明在散文《我又没有很想你》中说："所以我写了一本又一本的小说，它们一本比一本卖得好，并不是我写得越来越好而是我越来越惶恐，我现在改十遍改十四遍最后改二十遍，只是因为我怕终有一天我不再优秀，也因为我怕终有一天人们对我选择放弃并且遗忘，……"① 当然，郭敬明面对市场的惶恐心态，是比较极端的例子。但可以说，一些"80后"作家满足于讲述青春期自

① 郭敬明：《愿风裁尘》，长江文艺出版社2013年版，第228页。

我认同的故事，倾诉自我的情绪和情感，引起青年读者的追捧。他们没有小说艺术上的"影响的焦虑"，不注重文学传统的学习，缺乏艺术创新的动力。

第三节 "80 后"文学展望："流传后世的文字"?

当然，许多怀有纯文学理想的"80 后"作家一直努力地突破这代人的局限，重建自己的文学主体精神。一方面，他们反省大众文化、流行文化对于自己成长的不良影响，剥离它们侵入自己精神层面的部分。比如，张怡微很早就意识到，"原来那些被我们当成精神圣经的东西不过是可以被人反复拿捏的流行现象而已。曾经狂热的对象不过如此，一个一个偶像渐渐消失，唯一留下的只是我们彼此见证的成长而已。那才是真实的故事，清澈的感情。"① 张怡微在创作上的不断进步，也与她祛除流行文化的"精神圣经"而重新尊崇文学传统密切相关。她在大学毕业后，继续在上海和台湾辗转求学和创作，特别重视学习前辈作家的创作经验。另一方面，这些"80 后"作家开始确立文学创作的坚定信仰。笛安说："我是从 2002 年底开始写字的。到现在，已经快五年了。我写字的产量自然是不高，至于好不好，也不是我说了算的。我能说的只是，我已经竭尽全力。"② 文珍也说："我会继续写下去，不辜负所有喜欢我的字的人。"③ 虽然她们把小说创作称为"写字"，这种谦逊显示了后现代文化环境中严肃文学创作的艰难和边缘化境地，但"竭尽全力"和"继续写下去"的写作态度，则表明

---

① 张怡微：《私事·而非（序）》，载《青春禁忌游戏》，东方出版中心 2006 年版。
② 笛安：《创作谈：我的缤纷与宁静》，《北京文学·中篇小说月报》2008 年第 5 期。
③ 文珍：《起来呵手封题处，偏到鸳鸯两字冰（后记）》，载《十一味爱》，广西师范大学出版社 2011 年版。

她们文学主体性的获得，因此有了超越自我和前辈作家的可能。

那么，在这个时代里"80后"创作将走向何方呢？文珍曾在《"80后"看"80后"》一文中询问和自问这个问题，她坚信前面有路，希望"80后"作家"尽可能远离市场，一天天沉静下来，厚重起来，思考着并承当着，坚实地一步步走下去；只有那样，有朝一日写出真正能流传后世的文字，才不仅仅是一个虚缈的梦想，终将变成一种切实逼近的可能。"①在文学市场化和网络文学汹涌发展的时代，"远离市场"的本义是，作家应保持文学创作的自主性，抵御迎合市场的创作。可以说，可贵的是，迄今越来越多的"80后"作家已经做到了这一点，开始"远离市场"，"沉静下来"。然而，对于"流传后世的文字"的"梦想"，"80后"作家依然任重道远，从他们现有的创作发展迹象来看，他们正在思考和解决以下两个核心问题。

一是如何突破自身经历的局限，扩大作品题材的视野？"80后"作家以往的创作，主要凭借自身的经历和自我的体验，而且专注于自我认同的书写。总体而言，他们小说叙事的格局比较狭小，题材的广度和丰富性也不够。因此，"80后"作家正努力地从自我心理的专注中挣脱出来，把目光投向社会生活的各个领域，以及不同阶层和年龄的人群。比如，韩寒的《他的国》和《1988：我想和这个世界谈谈》等长篇小说突破了早期作品的校园题材，《他的国》在讲述小镇青年故事时触及官员腐败和环境污染等现实问题；而《1988：我想和这个世界谈谈》运用"公路小说"的叙事结构，写到了妓女娜娜等底层人物的悲惨生活。在"80后"作家中，孙频的小说创作十分独特，虽然她也经常表现青春和爱情，但直指社会现实悲惨的一面，具有底层文学的色彩。"青春未老先衰，爱情千疮百孔，那其实才是最恐怖最荒诞的幻灭，如同无声无息的、漫天的毒雾，让人窒

---

① 文珍：《"80后"看"80后"》，《文艺理论与批评》2005年第1期。

息。"① 她的短篇小说《无相》写大学贫困生于国琴接受了一位老教授的资助，却被他要求观看自己的裸体，她感到自己与吕梁山区变相卖淫的母亲并没有分别，于是大学生活变成她的心灵创伤，毕业后从不愿意提起。另一篇短篇小说《不速之客》直接描写底层人物的"爱情"。纪米萍是个"装鸡"的陪酒女，宁可让人白睡，不落妓女之名；而苏小军是个替人讨债的打手，偶然做了一次"好人"，把醉酒的纪米萍送回住处，却再难摆脱她的纠缠和"好人"之名。最后，苏小军被人报复打断了腿，主动请纪米萍来照顾自己。这样的"大团圆"结局太过悲惨，让人啼笑皆非。

"80后"作家还超越自己这代人的经验，把笔触伸向父母辈或前几代人的生活。如张怡微的长篇小说《你所不知道的夜晚》、七堇年的长篇小说《大地之灯》《尘曲》等作品，都描写了从母亲那里了解到的"知青"生活。孙频的长篇小说《绣楼里的女人》则讲述了晋商后代贺红雨悲剧的一生，也从女人的视角梳理了半个世纪的现代史。而笛安在"龙城三部曲"之后，则创作了历史题材的长篇小说《南方有令秧》，讲述明朝万历年间的少女令秧嫁入官宦人家，在丈夫去世后，一步步得到"贞节牌坊"。为了写作这部长篇小说，笛安进行了繁杂琐碎的资料收集工作，并且"要在跟我的生活没有半点关系的逻辑里虚构出人物的困境"②。这种"下笔之前有如此多的功课要做"的创作活动，是笛安对自我生活经验的突破，也让她感受到创作的"喜悦"。另外，孙频、甫跃辉、郑小驴等"80后"作家一直没有放弃乡村生活、乡土人物题材的写作。这些"80后"作家的乡村叙事也值得期待，有希望结出乡土小说的新硕果。

二是如何突破思想的瓶颈，增强作品主题的深度？题材的多样化和观察生活视野的扩大，是"80后"作家克服自身思想局限的前提，但他们更需要发挥创作主体的能动性，学习前辈作家有益的创作经验，提高自身多

---

① 蒋韵：《序言 也黑暗也迷人》，载孙频《隐形的女人》，北京燕山出版社2014年版。
② 笛安：《后记 令秧和我》，载《南方有令秧》，长江文艺出版社2014年版。

方面的思想意识。比如政治意识，当代文学经历了"为政治服务"和逃离政治两个阶段之后，应该产生平和而有为的政治意识。在 21 世纪，不同于底层文学的峻急而强烈的政治诉求，"80 后"青春叙事中的政治意识比较淡薄，说明"80 后"作家在后现代文化冲击下的思想局限性。但"80 后"作家也在不断地逾越自我认同叙事的心理维度，以及摆脱 90 年代以来"个人化"写作潮流的影响，开始获取一定的政治意识。

张悦然早期小说表现传统爱欲的强烈和牺牲精神，她的长篇小说《誓鸟》对此也有所表现，同时小说又涉及中国人在南洋的航海和移民史。在主人公春迟和宵行从海螺壳里寻找到的记忆中，有着太多的中国航海人、南洋华人的悲惨片段。可惜当时张悦然把这些素材主要用于传奇色彩和异域色彩的渲染，没有挖掘小说人物的民族认同、南洋民族政治的主题内涵。张悦然后来说："我对现实和政治越来越有兴趣，但是它们还是很难直接进入我的小说里。我总觉得，其中最重要的因素，是一个审美问题。"① 她在《家》《动物形状的烟火》等中短篇小说中，开始尝试突破自己"审美"的局限，把社会不同阶层的人物进行对照书写，显示了政治意识的觉醒。她在 2016 年推出的创作多年的长篇小说《茧》②，巧妙地把"文革"这一政治事件与"80 后"的自我认同相结合，小说主人公李佳栖和程恭是"'文革'创伤记忆的代际传递者与见证人"③。他们两个家族、三代人的恩怨起源于他们的爷爷李冀生和程明义在"文革"中的争斗，这种创伤记忆居然影响了第三代人李佳栖、程恭的自我认同，他们极力摆脱原罪感、仇恨之后才逐渐成长。作为没有"文革"记忆的"80 后"作家，张悦然尝试对于"文革"的书写，超越了她自己以往小说的主题，也体现了她在创作中日益增加的政治意识。

---

① 张悦然、霍艳：《"80 后"的文学对话——霍艳访谈张悦然》，《中国图书评论》2013 年第 7 期。
② 张悦然：《茧》，《收获》2006 年第 2 期。
③ 金理：《创伤传递与修复世界》，《文艺报》2016 年 3 月 14 日第 2 版。

又如性别意识，目前知名的"80 后"作家中女作家的比例很高，但具有女性主义诉求的创作却很少。在当前社会，女性获得了表面上的尊重和平等，其实她们在社会就业、家庭地位等方面还处于弱势，而且在消费文化、时尚文化之中，光彩夺目、性感、美丽、苗条的女性形象，实际上体现了男性目光和男性强权。但"80 后"作家缺乏对当前性别不平等的批判，目前只有周嘉宁的创作显著地体现了性别意识的觉醒。她的长篇小说《密林中》讲述女性艺术家对爱情关系中男性强权的反抗，以及对女性自主和创作自由的追求。

因此，"80 后"作家应该更深入地观察和体验生活，并努力成为拥有"自由心灵"① 的创作主体，祛除"新意识形态"和后现代文化的遮蔽，从而形成自己的独特见解和体悟，创作出主题更丰富更深刻的作品。

然而，需要指出的是，"80 后"创作走向成熟与青春叙事并不冲突，不是以告别青春叙事为标志。一方面，随着"80 后"作家或完成自我认同，或成家立业，步入"后青春"生活，他们自然会将目光转向其他创作题材和主题。另一方面，"80 后"作家也可以延续和丰富青春叙事。周嘉宁的《密林中》和张悦然的《茧》等作品，显示了"80 后"作家对自我认同叙事和人物心理描写上的长处，他们可以在保持原有的叙事结构和艺术特色的基础上，丰富和深化青春叙事的内涵。当"80 后"青春叙事逐渐成熟之后，也许会丧失进行时、未完成态的鲜活，但也有可能产生意蕴丰富而深刻的自传性小说，成为与高尔基的《在人间》《我的大学》和库切的《男孩》《青春》等大师作品并列的"流传后世的文字"。

---

① 贺仲明：《中国心像——20 世纪末作家文化心态考察》，中央编译出版社 2002 年版，第6 页。

结　语

　　"80 后"作家的出场、命名、叙事特征和创作转型都是特殊的时代文化环境造就的独特的文学现象。"80 后"作家不同于前辈作家，而后辈的"90 后"作家至今也没有形成像他们那样的群体，甚至有研究者认为"90 后"作家群体不会产生，"包括网络与文坛格局在内的外部环境发生了不利于'90 后'的产生与发展的显著变化"①。网络文学早已过了草创时期，被资本控制后成为类型文学的空间；而文学出版市场也趋成熟，不会再现当年青春文学出版的狂热和盲目。总之，当后现代社会这一资本全面控制的社会真正到来，当后现代文化成为主导文化之后，包括"90 后"在内的其后的世代，将生活在"历史的终结"的幻觉之中，生活在物质和商品的海洋里，个体的经历、经验毫无特性和价值，也难以真正把握。正如鲍德里亚所指出的情形，现代传统观念中的"具有坚实特征和特殊重量的绝对价值的'人'"，"这个人在我们这个功用宇宙中缺席了，死亡了，被删除了"②。人的主体性和"自我"意识发生巨变，文学的面目也必将截然不同。"'自我'既然不存在了，所谓'情感'也就无所寄托了；那'情感'也就自然不能存在了。这不等于说后现代的文化产品一概是冷血无情，而

---

① 帅泽兵、邵宁宁：《"80 后"之后："90 后"不会产生》，《当代文坛》2008 年第 4 期。
② ［法］让·鲍德里亚：《消费社会》，刘成富、全志刚译，南京大学出版社 2014 年版，第 2、71 页。

该说是，今天一切的感情都是'非个人的'，是飘忽忽无所主的。"① "非个人的""飘忽忽无所主的"娱乐化、商品化的后现代文学在当代中国已有泛滥之势。

而"80 后"作家在自我认同危机促发下的青春叙事，以表现自我意识、自我认同为文学起点，实际上是对后现代社会及其文化的反抗和阻击。他们在遭遇后现代文化之前，曾经在童年时期形成相对传统的自我和心理结构，那还是一种"坚实特征和特殊重量的绝对价值的'人'"。当这种"人"的概念和心理在时代文化巨变之后面临消亡时，"80 后"通过文学不断地追寻，无论是韩寒、春树、郭敬明等人各种形态的"反叛"叙事，张悦然、周嘉宁表现爱的消逝、人情荒芜的心理痛楚，还是笛安、张怡微、文珍、颜歌、甫跃辉等人对社会身份、文化身份的寻求，都是在人的自我意识和主体性的不同层面展开的文学追问和反抗。在此意义上，本书详细阐述和肯定了"80 后"青春叙事的主题内涵及其价值。对于"80后"文学，更应该纳入传统文学价值领域和标准下考察，可以指出它的缺陷而希冀它的进步，不可以抓住其产生的市场化背景直接推入通俗文学、大众文学的领域。

可以说，"80 后"作家也是纯文学的希望，是接续文学传统的重要一环。大多数"80 后"作家已经发生文学创作的转型，向纯文学和文学传统接近。即使是文学市场的宠儿，如"最世文化"旗下的笛安、落落等人，也没有放弃纯文学的标准和视野。而创作态度更严肃的"80 后"作家，如文珍、甫跃辉等人，从一开始就有纯文学的信仰，自我期许"有朝一日写出真正能流传后世的文字"②。当"80 后"真正地成熟，在后现代文化环境中重建了坚实的文学主体，信仰并写出"流传后世的文字"，纯文学和文学传统才能更好地传递到下一个世代。

---

① ［美］詹明信：《晚期资本主义的文化逻辑：詹明信批评理论文选》，张旭东编，陈清侨等译，生活·读书·新知三联书店 1997 年版，第 449 页。
② 文珍：《"80 后"看"80 后"》，《文艺理论与批评》2005 年第 1 期。

附录 "80后"青春叙事大事记

1998 年

7月,春风文艺出版社出版许佳的长篇小说《我爱阳光》,作为"布老虎丛书"之一,安波舜为之作序《阅读阳光》。

年底,第一届"新概念作文大赛"启动,由北京大学、复旦大学、华东师范大学、南京大学、南开大学、厦门大学、山东大学等全国著名大学和《萌芽》杂志社联合发起和主办。"大赛聘请国内一流的文学家、编辑和人文学者担任评委,定于 1999 年 1 月 1 日起,每年举办一次。"(《"新概念作文大赛"征文启事》)

1999 年

《萌芽》第 5 期公布首届"新概念作文大赛"一等奖名单,A 组一等奖中有徐敏霞,韩寒是 C 组两名一等奖获得者之一。同期刊登获奖作品宋静茹的《孩子》、刘嘉俊的《物理班》,以及分别由陈丹燕、叶辛的评点。

《萌芽》第 8 期发表韩寒的《求医》,曹文轩评点。

1999 年度出版有许佳的长篇小说《青春雨》。

2000 年

《萌芽》第 3 期公布第二届"新概念作文大赛"一等奖名单,A 组一等奖中有周嘉宁；二等奖名单中有范继祖（小饭）。

《萌芽》第 8 期公布第二届"新概念作文大赛"获奖者提前录取名单，其中怀沙被北京大学录取，许人杰等人被清华大学录取，周嘉宁被复旦大学录取，祁又一等人被北京师范大学录取。

2000 年度出版有韩寒的长篇小说《三重门》、杂文集《零下一度》，许佳的散文图片集《租一条船漫游江南》。

2001 年

《萌芽》第 3 期公布第三届"新概念作文大赛"一等奖名单，A 组一等奖中有张悦然、马天牧（马小淘），B 组一等奖中有郭敬明。

《萌芽》第 7 期选登张悦然的获奖作品《陶之陨》。

2002 年

《萌芽》第 3 期公布第四届"新概念作文大赛"一等奖名单，A 组一等奖中有郭敬明、蒋峰，B 组一等奖中有戴月行（颜歌）、霍艳。

《萌芽》第 4 期公布二等奖名单，A 组中有张佳玮、刘一寒。同期发表蒋峰的获奖作品《比喻：鹅卵石、教育及才华横溢》、郭敬明的《我们最后的校园民谣》（第 5 期又选登他的《变形记》）。

《萌芽》第 10 期发表郭敬明中篇小说《幻城》。

5 月 25 日下午，"《愤青时代》作品讨论会"在北大附近的"国林风书店"的咖啡馆举行，怀着上北大梦的作者胡坚与北大学者钱理群、温儒敏、曹文轩、孔庆东等人参加。6—7 月，新浪网、中央电视台先后进行北大能否特招胡坚的讨论，期间发生孔庆东与徐晋如的争论。是为"胡坚事件"。

2002 年度出版有胡坚的小说集《愤青时代》，韩寒的长篇小说《像少年啦飞驰》，春树的长篇小说《北京娃娃》，徐敏霞的长篇小说《我是波西米亚人》，郭敬明的散文集《爱与痛的边缘》（2003 年出版第 2 版，2004

年第 3 版，2008 年第 4 版。第 2 版封底标注"郭敬明：新青春派领军人物，第三、四届新概念作文大赛一等奖得主"）等。

2003 年

《萌芽》第 3 期公布第五届"新概念作文大赛"一等奖名单，B 组有霍艳。

张悦然在新加坡获得第五届"新加坡大专文学奖"第二名，同年 10 月获得首届《上海文学》"文学新人大赛"二等奖。

《收获》第 6 期发表笛安的中篇小说《姐姐的丛林》。

2003 年度出版有：郭敬明的玄幻小说《幻城》、散文集《左手倒影右手年华》、长篇小说《梦里花落知多少》，春树的长篇小说《长达半天的欢乐》，张悦然的小说集《葵花走失在 1890》，周嘉宁的长篇小说《陶城里的武士四四》等。

2004 年

《萌芽》第 3 期公布第六届"新概念作文大赛"一等奖名单，B 组有张怡微、赵勤（七堇年）。

2 月 2 日，春树登上《时代》周刊（亚洲版）封面，相关文章认为春树与韩寒、满舟、李杨等人是中国"80 后"的代表，他们被称为"新激进分子"。

5 月，马原主编的《重金属：80 后实力派五虎将精品集》，由上海的东方出版中心出版，收入李傻傻、张佳玮、胡坚、小饭、蒋峰五位"80 后"的作品，打出"实力派五虎将"的名号，引发"80 后"青春写手的"实力派"与"偶像派"的划分。

7 月 8 日，上海作协主办"80 后青年文学创作研讨会"，叶辛、赵长天、王纪人、陈思和、郜元宝、杨扬、李其纲等作家、评论家、编辑，以及蒋峰、小饭、周嘉宁、陶磊等十多位"80 后"作家参与讨论。

8 月，中国文联出版社出版何睿、刘一寒主编的《我们，我们80 后的盛宴》（上下册）。白烨为之作序"新的群体　新的气息"，不同意用"青春文学"来概括"80 后"写作，"从这个意义上，我宁可把'80 后'看成是当代文坛日益崛起的一个新的群体，他们是接续着'70 年代人'的脚步大踏步地向我们走来一支文学的新军"。

11 月 22 日，中国当代文学研究会、北京语言大学人文学院联合主办的走近"80 后"研讨会召开，白烨、程光炜、路文彬、曹文轩、梁晓声、陈福民、高旭东、谭五昌、徐妍、李玲等学者，以及胡杨、杨哲、彭杨、徐超、余晓东等"80 后"代表进行了讨论和对话。

郭敬明主编杂志书《岛》，春风文艺出版社出版，从 2004 年 8 月到 2008 年 3 月共出版 10 册。

《花城》第 4 期发表李傻傻的长篇小说《红×》，单行本由花城出版社同年 7 月出版。

《收获》（长篇专号）（2004 年秋冬卷）收入笛安的长篇小说《告别天堂》，单行本由春风文艺出版社于 2015 年 1 月出版。

张悦然在《小说界》第 5 期发表短篇小说《红鞋》《谁杀死了五月》，在《青年文学》第 9 期发表短篇小说《夜房间》，在《花城》第 5 期发表短篇小说《吉诺的跳马》，在《上海文学》第 8 期发表短篇小说《右手能干的事有很多》。

2004 年度出版的另有张悦然的长篇小说《樱桃之远》、小说集《十爱》《是你来检阅我的忧伤了吗》《红鞋》，周嘉宁的小说集《流浪歌手的情人》、长篇小说《夏天在倒塌》《女妖的眼睛》，孙睿的长篇小说《草样年华》，蒋峰的长篇小说《维以不永伤》，春树的散文集《抬头望见北斗星》，韩寒的长篇小说《长安乱》，李傻傻的散文集《被当作鬼的人》等。

2005 年

4 月，张悦然凭借小说集《十爱》获得第三届华语文学传媒大奖

"2004 年度最具潜力新人"。

6 月 25 日，《时代》周刊（全球版）介绍李傻傻。李傻傻曾在作品中将农民工称为"城市幽灵"，因此《时代》周刊称他为"幽灵作家"。

《芙蓉》第 1 期"点击 80"栏目收入李傻傻的短篇小说《一个拍巴掌的男孩》、旋覆的短篇小说《在春天》。第 3 期"点击 80"栏目收入沈亦然的短篇小说《鱼塘》、彭杨的短篇小说《白日灼身》。

《人民文学》第 2 期"新浪潮"收入张悦然中篇小说《水仙已乘鲤鱼去》。

《收获》（长篇专号）（2005 年秋冬卷）发表孙睿的长篇小说《草样年华Ⅱ》（单行本由长江文艺出版社同年 9 月出版）、小饭的长篇小说《蚂蚁》（单行本由作家出版社于 2006 年 1 月出版）。

《小说界》第 6 期发表周嘉宁的短篇小说《小绿之死》。

《青年文学》（下半月版）从 2005 年 8 月到 2006 年 10 月连载颜歌的长篇小说《异兽志》，单行本由中信出版社 2006 年出版。

《青年文学》（下半月版）设置"李傻傻专栏"，9 月发表其散文《到楼观台》《皮夹克》，10 月发表《预言……》，11 月发表《西安青年》。

《青年文学》（下半月版）12 月发表周嘉宁的短篇小说《小绿之死》、散文《一个人的战争》、访谈文章《周嘉宁：暂时躲开孤独的意义》（唐朝晖）。

《布老虎青春文学》第 3 期发表周嘉宁的小说《杜撰记之红颜白发》，第 4 期发表《杜撰记之 1993 年的火烧云》。

2005 年度出版有春树长篇小说《2 条命：世界上狂野的少年们》，郭敬明的长篇小说《1995—2005 夏至未至》（2006 年 10 月出版第 2 版），张悦然的长篇小说《水仙已乘鲤鱼去》，落落的长篇小说《年华是无效信》，马小淘的小说集《火星女孩的地球经历》、长篇小说《飞走的是树，留下的是鸟》，张怡微的散文集《怅然年华》等。

2006 年

3 月，韩寒在博客上发表《文坛是个屁，谁都别装逼》，针对白烨的博客文章《"80 后"的现状与未来》（原载《长城》2005 年第 6 期。白烨在这篇文章中重申自己的观点："80 后"走上了市场，但没有走上文坛）挑起骂战。随后白烨回应，两人多次交锋。网络论战参与者还有支持白烨的谢玺璋、陆天明，以及众多韩寒粉丝。是为"韩白论战"或"韩白论争"。

5 月，北京市高级人民法院终审判决，郭敬明的《梦里花落知多少》抄袭庄羽的《圈里圈外》成立，郭敬明与出版方立刻停止侵权，赔偿损失和公开道歉。郭敬明做出不道歉的表态，却得到大部分粉丝读者的支持。

6 月，人民文学出版社揭晓第五届（2005 年度）春天文学奖获得者为张悦然和苏瓷瓷。

10 月，郭敬明主编杂志书《最小说》，创刊号 2007 年第 11 期，由长江文艺出版社出版。本年度试刊 2 期，2007 年正式发行。

《收获》第 6 期发表张悦然的长篇小说《誓鸟》，单行本由光明日报出版社同年 11 月出版。

《收获》（长篇专号）（2006 年春夏卷）发表笛安长篇小说《芙蓉如面柳如眉》，单行本由春风文艺出版社同年 5 月出版。

2006 年度出版另有韩寒的长篇小说《一座城池》，周嘉宁的小说集《杜撰记》、长篇小说《往南方岁月去》，张怡微的小说集《青春禁忌游戏》等。

2007 年

3 月 25 日，中国小说学会等单位主办的 2006 年中国小说排行榜揭晓，张悦然的《誓鸟》为上榜的四部长篇小说之一。

4 月 27 日，鲁迅文学院召开青年作家座谈会，作协领导到会，参加座谈会的青年作家有春树、郭敬明、落落、张悦然、颜歌、周嘉宁、李傻傻、蒋峰、小饭、胡坚、张佳玮、苏德、马小淘、步非烟、霍艳、徐敏霞，等等。

6月，上海作协公布"2007年度上海签约作家"，其中包括两位"80后"作家周嘉宁和苏德。

9月，郭敬明、李傻傻、张悦然、蒋峰等10位"80后"作家加入中国作协。其中，郭敬明由王蒙、陈晓明推荐直接加入中国作协（先前未加入省作协）。但郭敬明有抄袭的不良记录，这在作协内外引起争议。另外，胡坚、苏德、周嘉宁、小饭等"80后"作家都先后加入所在省份的作协。上一年末，铁凝当选作协主席，她对"80后"的亲和态度，某种程度上促进了作协对"80后"作家的吸收。

11月，全国青年作家创作会议召开，参加会议的"80后"作家有张悦然、周嘉宁、颜歌、蒋峰、小饭、马小淘等。

《钟山》第1期发表笛安的中篇小说《莉莉》。

《小说界》第4期发表周嘉宁的长篇小说《苏州河往事》。

《中国作家·小说》第9期发表颜歌的短篇小说《请带我到平乐去》（后附录于长篇小说单行本《五月女王》中）。

《收获》第11期发表笛安的中篇小说《请你保佑我》。

2007年度出版有郭敬明的长篇小说《悲伤逆流成河》（5月第1版，同年12月出版百万黄金纪念版），七堇年的长篇小说《大地之灯》、散文集《被窝是青春的坟墓》，韩寒的长篇小说《光荣日：第一季》，笛安的小说集《怀念小龙女》，周嘉宁的长篇小说《天空晴朗晴朗》等。

2008 年

2008年5月至2009年7月，以《最小说》为平台的第一届"THE NEXT·文学之新"新人选拔赛举办，赛程模仿"超级女声"，从全国海选直到冠军赛，最终萧凯茵夺冠。

张悦然主编杂志书《鲤》系列，从2008年至2017年先后由江苏文艺出版社、上海文艺出版社、北京十月文艺出版社出版有《鲤·孤独》

《鲤·嫉妒》《鲤·谎言》《鲤·暧昧》《鲤·最好的时光》《鲤·因爱之名》《鲤·逃避》《鲤·上瘾》《鲤·荷尔蒙》《鲤·来不及》《鲤·偶像》《鲤·写信》《鲤·变老》《鲤·与书私奔》《鲤·旅馆》《鲤·宿命》《鲤·一间不属于自己的房间》《鲤·文艺青年》《鲤·不上班的理想生活》《鲤·像空气一样的理想伙伴》《鲤·猫知道一切》等。

《人民文学》第 2 期发表张悦然的散文《月圆之夜及其他》(后获得 2008 年度人民文学优秀散文奖)。

《山花》第 3 期发表小饭的短篇小说《内心生活》。

《收获》第 4 期发表苏德的中篇小说《没有如果的事》,第 5 期发表张悦然的短篇小说《嫁衣》。

《作家杂志》(长篇小说夏季号 2008 年)发表颜歌的长篇小说《五月女王》,单行本由重庆出版社同年 7 月出版。

《青年文学》(上半月版)3 月为"1980 年代出生作家作品专集",收入春树的短篇小说《庸俗让我们如此快乐》、郑小驴的中篇小说《舅舅消失的黄昏 1968》、小饭的短篇小说《口琴》等。

2008 年度出版的另有郭敬明的长篇小说《小时代 1.0 折纸时代》,七堇年的长篇小说《澜本嫁衣》,张怡微的长篇小说《梦·醒》等。

2009 年

《青年文学》(上半月版 1—3 月)连载蒋峰的长篇小说《爱情宝典》,单行本由湖南人民出版社同年 11 月出版。

《人民文学》第 5 期发表颜歌的中篇小说《白马》,第 8 期为"新锐作家专号",收入马小淘的中篇小说《春夕》、郭敬明的长篇小说《小时代 2.0 虚铜时代》。

2009 年度出版的另有韩寒的长篇小说《他的国》,笛安的长篇小说《西决》,孙睿的长篇小说《草样年华Ⅲ跑调的青春》等。

2010 年

1 月—2011 年 7 月，由长江出版集团北京图书中心、《最小说》杂志社、《人民文学》杂志社等单位联合主办第二届"THE NEXT·文学之新"新人选拔赛，包晓琳最终获得冠军。

4 月，笛安凭借长篇小说《西决》获得第八届华语文学传媒大奖"2009 年度最具潜力新人"。

4 月，韩寒登上《时代》周刊封面，同时入选《时代》周刊"全球最具影响力一百人"。

6 月，韩寒主编杂志书《独唱团》（第 1 辑），由书海出版社出版。之后无续辑。

《作家》8 月号（上半月）发表张悦然的短篇小说《一千零一个夜晚》。

《收获》第 6 期为"青年作家小说专辑"，收入笛安的短篇小说《光辉岁月》、周嘉宁的短篇小说《幻觉》。

《收获》（长篇小说专号）（2010 年春夏卷）收入郭敬明的玄幻小说《爵迹》。

《人民文学》第 11 期"新浪潮"栏目收入蒋峰的短篇小说《遗腹子》、祁又一的短篇小说《志异三篇》。

2010 年度出版有郭敬明的长篇小说《小时代 2.0 虚铜时代》，春树长篇小说《光年之美国梦》，韩寒的长篇小说《1988：我想和这个世界谈谈》，七堇年的散文小说合集《尘曲》，笛安的长篇小说《东霓》，马小淘的长篇小说《慢慢爱》，张怡微的长篇小说《下一站，西单》等。

2011 年

4 月，七堇年凭借散文小说合集《尘曲》获得第九届华语文学传媒大奖"2010 年度最具潜力新人"。

《收获》第 6 期发表周嘉宁的短篇小说《寂静岭》。

《人民文学》第 11 期为"专号：新锐十二家"，收入蒋峰的中篇小说

《花园酒店》（次年六月获得《人民文学》2011 年度中短篇小说奖）、甫跃辉的短篇小说《骤风》。

12 月，《文艺风赏》和《文艺风象》作为《最小说》的子刊创刊，分别由笛安、落落主编。

2011 年度出版有郭敬明的长篇小说《小时代 3.0 刺金时代》，笛安的长篇小说《南音》（上），马小淘的散文集《成长的烦恼》，落落的长篇小说《剩者为王》，小饭的小说集《妈妈，你知道我偏为添乱而生》、长篇小说《中环线》，颜歌的长篇小说《声音乐团》，张怡微的小说集《时光，请等一等》，文珍的小说集《十一味爱》，甫跃辉的小说集《少年游》等。

2012 年

1 月 15 日，知名 IT 博主麦田发表博文《人造韩寒：一场关于"公民"的闹剧》，质疑韩寒找代笔、包装。次日，韩寒发表博文《小破文章一篇》回应质疑。几天后，"打假斗士"方舟子加入质疑队伍，在微博上连续发表《造谣者韩寒》《天才韩寒的文史水平》《"天才"韩寒的写作能力》等文章。2 月，韩寒到上海金山区法院起诉方舟子，但很快撤诉。4 月，韩寒推出了手稿集《光明与磊落》（共两册，《光明》为写有诗作与散文的笔记本，《磊落》为《三重门》手稿，湖南文艺出版社出版）。"代笔门"事件持续发酵近一年时间，最终止步于骂战和各执一词，不了了之。

《上海文学》第 2 期发表周嘉宁的短篇小说《末日》。

《人民文学》第 5 期"新浪潮"栏目收入孙频的中篇小说《菩提阱》，第 7 期发表蒋峰的中篇小说《六十号信箱》，第 8 期"新浪潮"栏目收入于一爽的短篇小说《俩人》。

《收获》第 5 期发表颜歌的长篇小说《段逸兴的一家》，单行本改名《我们家》由浙江文艺出版社于 2013 年 5 月出版。

《收获》第 6 期发表七堇年的短篇小说《站者那则》。

《收获》（长篇专号）（2012 年秋冬卷）收入周嘉宁的长篇小说《荒芜

城》，单行本由上海人民出版社于 2013 年 8 月出版。

10 月，张颐武主编、葛亮亮编《全球华语小说大系·青春卷》，由新世界出版社出版。

2012 年度出版的另有春树的诗集《春树的诗》，笛安的小说集《妩媚航班》、长篇小说《南音》（下），落落的长篇小说《剩者为王Ⅱ》，张怡微的长篇小说《你所不知道的夜晚》等。

2013 年

4 月，颜歌凭借长篇小说《段逸兴的一家》获得第十一届华语文学传媒大奖"2012 年度最具潜力新人"。

《人民文学》第 1 期发表蒋峰的中篇小说《手语者》。

《上海文学》第 3 期发表周嘉宁的短篇小说《轻轻喘出一口气》，第 10 期发表其《小说三题》（包括短篇小说《美好的时光不能久留》《那儿、那儿》《荒岛》）。

《收获》（长篇小说专号）（2013 年秋冬卷）收入七堇年的长篇小说《平生欢》，单行本由浙江文艺出版社同年 11 月出版。

本年度，多家杂志推出以"80 后"文学或青年文学为研究对象的专栏，如《名作欣赏》"80 后·新青年"、《西湖》的"80 后观察"、《创作与评论》的"新锐"、《百家评论》的"青春实力派"等。

2013 年度出版的另有张怡微的小说集《旧时迷宫》、散文集《都是遗风在醉人》，甫跃辉的长篇小说《刻舟记》、小说集《动物园》《鱼王》，郑小驴的长篇小说《西洲曲》、小说集《痒》，孙频的长篇小说《绣楼里的女人》，王威廉的长篇小说《获救者》等。

2014 年

8 月 7 日，第六届鲁迅文学奖提名作品目录正式公布，笛安的《光辉岁月》是十篇短篇小说奖提名作品之一，但最终以 0 票落选获奖名单。

11 月 10 日，《收获》杂志举办首届 "收获论坛暨青年作家与批评家对话"，张悦然、周嘉宁、笛安、颜歌、七堇年、郑小驴、甫跃辉等 "80后" 作家出席。

《收获》第 1 期发表周嘉宁的短篇小说《让我们聊些别的》，第 5 期 "青年作家小说专辑" 收入张悦然的《动物形状的烟火》、七堇年的《夜阳》、孙频的《不速之客》、颜歌的《三一茶会》、甫跃辉的《秋天的声音》、马小淘的《章某某》等。

《收获》（长篇专号）（2014 年秋冬卷）发表笛安的长篇小说《南方有令秧》（单行本由长江文艺出版社于 2015 年 4 月出版）、周嘉宁的长篇小说《密林中》（单行本由广西师范大学出版社于 2015 年 10 月出版）。

2014 年度出版有周嘉宁的小说集《我是如何一步步毁掉我的生活的》，马小淘的长篇小说《琥珀爱》，蒋峰的小说集《死在六点前》，张怡微的散文集《我自己的陌生人》、小说集《试验》，文珍的小说集《我们夜里在美术馆谈恋爱》，甫跃辉的小说集《散佚的族谱》，郑小驴的小说集《少儿不宜》，吕魁的小说集《所有的阳光扑向雪》，孙频的小说集《隐形的女人》，王威廉的小说集《内脸》等。

2015 年

4 月，文珍凭借小说集《我们夜里在美术馆谈恋爱》获得第十三届华语文学传媒大奖 "2014 年度最具潜力新人"。

《收获》（长篇专号）（2015 年春夏卷）发表张怡微的长篇小说《细民盛宴》，单行本由人民文学出版社于 2017 年 1 月出版。

2015 年度出版的有颜歌的小说集《平乐镇伤心故事集》，蒋峰的长篇小说《白色流淌一片》，张怡微的小说集《因为梦见你离开》，甫跃辉的小说集《每一间房舍都是一座烛台》《安娜的火车》，孙频的小说集《同体》，王威廉的小说集《非法入住》等。

2016 年

《收获》第 2 期发表张悦然的长篇小说《茧》，单行本由人民文学出版社同年 7 月出版。

2016 年度出版的另有马小淘的小说集《章某某》，吕魁的小说集《朝九晚不归》，孙频的小说集《假面》《疼》，马金莲的小说集《1987 年的浆水和酸菜》，双雪涛的小说集《平原上的摩西》、长篇小说《天吾手记》《聋哑时代》等。

2017 年

4 月，张悦然凭借长篇小说《茧》获得第十五届华语文学传媒大奖"2016 年度小说家"，双雪涛凭借《天吾手记》《聋哑时代》《平原上的摩西》等小说获得"2016 年度最具潜力新人"。

《收获》第 2 期发表张悦然的中篇小说《大乔小乔》，单行本由作家出版社同年 8 月出版。

2017 年度出版的另有张怡微的小说集《樱桃　青衣》，马金莲的《绣鸳鸯：马金莲中篇小说选》，文珍的小说集《柒》，孙频的小说集《盐》，双雪涛的小说集《飞行家》，王威廉的小说集《倒立生活》《生活课》等。

参考文献

一　著作类

樊国宾：《主体的生成：50 年成长小说研究》，中国戏剧出版社 2003 年版。

邵燕君：《"美女文学"现象研究：从"70 后"到"80 后"》，广西师范大学出版社 2005 年版。

金理：《历史中诞生——1980 年代以来中国当代小说中的青年构形》，复旦大学出版社 2013 年版。

杨庆祥：《80 后，怎么办？》，北京十月文艺出版社 2015 年版。

丁帆主编：《中国新文学史》，高等教育出版社 2013 年版。

吴秀明主编：《当代中国文学六十年》，浙江文艺出版社 2009 年版。

朱栋霖等主编：《中国现代文学史 1917—2012》，北京大学出版社 2014 年版。

洪子诚：《中国当代文学史》（修订版），北京大学出版社 1999 年版。

洪子诚：《问题与方法——中国当代文学史研究讲稿》，北京大学出版社 2010 年版。

陈思和主编：《中国当代文学史教程》，复旦大学出版社 2005 年版。

陈晓明：《中国当代文学主潮》，北京大学出版社 2009 年版。

孟繁华、程光炜：《中国当代文学发展史》（修订本），中国人民大学出版社 2011 年版。

钱理群、温儒敏、吴福辉：《中国现代文学三十年》（修订本），北京大学出版社 1998 版。

孔范今主编：《二十世纪中国文学史》，山东文艺出版社 1997 年版。

王晓明主编：《二十世纪中国文学史论》，东方出版中心 2003 年版。

王德威：《想象中国的方法》，生活·读书·新知三联书店 1998 年版。

陈平原：《中国小说叙事模式的转变》，北京大学出版 2010 年版。

贺仲明：《中国心像——20 世纪末作家文化心态考察》，中央编译出版社 2002 年版。

贺仲明：《真实的尺度》，山东文艺出版社 2005 年版。

曹文轩：《20 世纪末中国文学现象研究》，北京大学出版社 2002 年版。

费孝通：《乡土中国》，上海人民出版社 2007 年版。

班建武：《符号消费与青少年身份认同》，教育科学出版社 2010 年版。

张平功主编：《全球化与文化身份认同》，暨南大学出版社 2013 年版。

［美］韦勒克、沃伦：《文学理论》，刘象愚等译，江苏教育出版社 2005 年版。

［美］乔纳森·卡勒：《文学理论入门》，李平译，译林出版社 2013 年版。

［英］特雷·伊格尔顿：《二十世纪西方文学理论》，伍晓明译，北京大学出版社 2007 年版。

［美］迈克尔·莱恩：《文学作品的多重解读》，赵炎秋译，北京大学出版社 2006 年版。

［美］布斯：《小说修辞学》，华明等译，北京大学出版社 1987 年版。

［美］华莱士·马丁：《当代叙事学》，伍晓明译，北京大学出版社 2005 年版。

［美］西摩·查特曼：《故事与话语：小说和电影的叙事结构》，徐强译，中国人民大学出版社 2013 年版。

　　［美］罗伯特·斯科尔斯等：《叙事的本质》，于雷译，南京大学出版社 2015 年版。

　　［美］杰拉德·普林斯：《叙述学词典》，乔国强、李孝弟译，上海译文出版社 2011 年版。

　　［美］杰拉德·普林斯：《叙事学：叙事的形式与功能》，徐强译，中国人民大学出版社 2013 年版。

　　［美］杰拉德·普林斯：《故事的语法》，徐强译，中国人民大学出版社 2014 年版。

　　［法］埃斯卡尔皮：《文学社会学》，符锦勇译，上海译文出版社 1988 年版。

　　［德］霍克海默、阿尔道诺：《启蒙辩证法——哲学断片》，渠敬东、曹卫东译，上海人民出版社 2006 年版。

　　［德］本雅明：《发达资本主义时代的抒情诗人》，张旭东、魏文生译，生活·读书·新知三联书店 2012 年版。

　　［美］赫伯特·马尔库塞：《单向度的人》，刘继译，上海译文出版社 2008 年版。

　　［美］赫伯特·马尔库塞：《爱欲与文明》，黄勇、薛民译，上海译文出版社 2014 年版。

　　［英］安东尼·吉登斯：《现代性与自我认同：现代晚期的自我与社会》，赵旭东、方文译，生活·读书·新知三联书店 1998 年版。

　　［英］特里·伊格尔顿：《后现代主义的幻象》，华明译，商务印书馆 2000 年版。

　　［英］安东尼·吉登斯：《现代性的后果》，田禾译，译林出版社 2011 年版。

　　［奥］弗洛伊德：《释梦》，孙名之译，商务印书馆 1996 年版。

　　车文博主编：《弗洛伊德文集》（1—8 册），长春出版社 2010 年版。

　　［美］埃里克松：《童年与社会》，罗一静等编译，学林出版社 1992 年版。

〔美〕埃里克·H. 埃里克森:《同一性:青少年与危机》,孙名之译,浙江教育出版社1998年版。

〔美〕罗洛·梅:《人的自我寻求》,郭本禹、方红译,中国人民大学出版社2013年版。

〔美〕乔纳森·布朗、玛格丽特·布朗:《自我》,王伟平、陈浩莺译,人民邮电出版社2015年版。

〔加拿大〕查尔斯·泰勒:《自我的根源:现代认同的形成》,韩震等译,译林出版社2012年版。

方汉文:《后现代主义文化心理:拉康研究》,上海三联书店2000年版。

〔法〕拉康:《拉康选集》,褚孝泉译,上海三联书店2001年版。

〔美〕詹明信:《晚期资本主义的文化逻辑:詹明信批评理论文选》,张旭东编,陈清侨等译,生活·读书·新知三联书店1997年版。

〔法〕让·鲍德里亚:《消费社会》,刘成富、全志刚译,南京大学出版社2014年版。

〔英〕迈克·费瑟斯通:《消费文化与后现代主义》,刘精明译,译林出版社2000年版。

〔美〕丹尼尔·贝尔:《资本主义文化矛盾》,赵一凡等译,生活·读书·新知三联书店1989年版。

〔美〕克利福德·吉尔兹:《地方性知识:阐释人类学论文集》,王海龙、张家瑄译,中央编译出版社2000年版。

〔法〕阿尔都塞:《哲学与政治》(上、下),陈越编译,吉林人民出版社2011年版。

〔美〕迪克·赫伯迪格:《亚文化:风格的意义》,陆道夫、胡疆锋译,北京大学出版社2009年版。

〔英〕安迪·班尼特、基思·哈恩-哈里斯编:《亚文化之后:对于当代青年文化的批判研究》,中国青年政治学院青年文化译介小组译,中国青年出版社 2012 年版。

罗刚、刘象愚主编：《文化研究读本》，中国社会科学出版社 2000 年版。

陶东风、胡疆锋主编：《亚文化读本》，北京大学出版社 2011 年版。

［英］斯图亚特·霍尔、托尼·杰斐逊主编：《通过仪式抵抗：战后英国的青年亚文化》，孟登迎、胡疆锋、王蕙译，中国青年出版社 2015 年版。

［美］尼尔·波兹曼：《娱乐至死》，章艳译，广西师范大学出版社 2004 年版。

［美］利奥·洛文塔尔：《文学、通俗文化和社会》，甘锋译，中国人民大学出版社 2011 年版。

［英］斯图亚特·霍尔、保罗·杜盖伊编著：《文化身份问题研究》，庞璃译，河南大学出版社 2010 年版。

［英］尼克·史蒂文森：《文化公民身份：全球一体的问题》，王晓燕、王丽娜译，北京大学出版社 2011 年版。

［美］苏珊·桑塔格：《反对阐释》，程巍译，上海译文出版社 2003 年版。

［法］《符号与传媒》第 3 辑，四川大学出版社 2011 年版。

［法］蒂费纳·萨莫瓦约：《互文性研究》，邵炜译，天津人民出版社 2003 年版。

二 论文类

白烨、张萍：《崛起之后——关于"80 后"的问答》，《南方文坛》2004 年第 6 期。

晓华、汪政：《略论当前的青年创作及其批评——兼论文学创作中的"80 后"现象》，《天津师范大学学报》（社会科学版）2005 年第 5 期。

邵燕君：《由"玉女忧伤"到"生冷怪酷"——从张悦然的"发展"

看文坛对"80后"的"引导"》，《南方文坛》2005年第3期。

张未民：《关于"新性情写作"——有关"80后"等文学写作倾向的试解读》，《文艺争鸣》2006年第3期。

张丽军：《韩寒论》，《文艺争鸣》2006年第3期。

张清华：《"残酷青春"之后是什么？——由春树感受"80后"写作》，《南方文坛》2007年第4期。

李振：《尚未长成的"身体"——以〈北京娃娃〉为例看"80后"写作》，《文艺评论》2006年第4期。

乔以钢、李振：《当身体不再成为"武器"——"80后"部分女作家身体书写初探》，《天津师范大学学报》（社会科学版）2008年第1期。

李凤亮、卢欣：《谁影响了这一代人的青春——"80后"文学出场背景分析》，《当代文坛》2006年第1期。

谢中山：《时尚文化与"80后"写作》，《文艺争鸣》2007年第4期。

于凤静：《论"80后"文学的传播分众化特征》，《小说评论》2007年第4期。

陶东风：《青春文学、玄幻文学与盗墓文学——"80后写作"举要》，《中国政法大学学报》2008年第5期。

孙桂荣：《走过青春期的文学试验——论新世纪"青春文学"》，《文艺争鸣》2009年第4期。

孙桂荣：《论"80后"文学的写作姿态》，《文学评论》2009年第4期。

孙桂荣：《韩寒：新世纪知识谱系中的深度索解》，《文艺争鸣》2011年第4期。

肖鹰：《韩寒神话与当代反智主义》，《贵州社会科学》2012年第5期。

吴俊：《"80后"的挑战，或批评的迟暮》，《南方文坛》2004年第5期。

吴俊：《文学史的视角：新媒介·亚文化·80后——兼以〈萌芽〉新概念作文的个案为例》，《文艺争鸣》2009年第9期。

曹霞：《自戕的青春，拼贴的游戏——"80后"文学批评》，《艺术评论》2007 年第 7 期。

郭彩侠、刘成才：《一代人的写作伦理——80 后作家的美学症候与精神叙事轨迹》，《文艺争鸣》2011 年第 6 期。

郭艳：《代际与断裂——亚文化视域中的"80 后"青春文学写作》，《中国现代文学研究丛刊》2011 年第 8 期。

季红真：《从反叛到皈依——论"80 后"写作的成人礼模式》，《文艺争鸣》2010 年第 8 期。

贺绍俊：《以青春文学为"常项"——描述中国当代文学的一种视角》，《文学评论》2011 年第 1 期。

乔春雷：《青春想象与自我认同——张悦然论》，《当代作家评论》2014 年第 2 期。

黄平：《"大时代"与"小时代"——韩寒、郭敬明与"80 后"写作》，《南方文坛》2011 年第 3 期。

黄平：《个体化与共同体危机——以 80 后作家上海想象为中心》，《南方文坛》2013 年第 6 期。

黄平：《巨象在上海——甫跃辉论》，《南方文坛》2014 年第 2 期。

金理：《"80 后"传统作家甫跃辉》，《西湖》2011 年第 12 期。

金理、黄平等：《惊醒与出走之后——关于张悦然小说〈家〉及当下青年文学的讨论》，《百家评论》2014 年第 2 期。

杨庆祥：《"孤独"的社会学和病理学——张悦然的〈好事近〉及"80 后"的美学取向》，《南方文坛》2009 第 6 期。

杨庆祥：《抵抗的"假面"——关于韩寒的一些思考》，《东吴学术》2011 年第 3 期。

杨庆祥：《当代小资产阶级的历史意识和主体想象——从张悦然的〈家〉说开去》，《文学评论》2013 年第 2 期。

杨庆祥：《"八〇后"，怎么办?》，《东吴学术》2014 年第 1 期。

房伟：《永远的青春　永远的梦——从张悦然小说看中国 80 后文学创

作之路向》，《理论学刊》2011 年第 3 期。

高玉：《光焰与迷失："80 后"小说的价值与局限》，《中国社会科学》2012 年第 10 期。

高玉：《"80 后"小说的文学史地位》，《学术月刊》2011 年第 12 期。

胡哲：《"八〇后"文学的限度及走向》，《当代作家评论》2015 年第 1 期。

贺仲明：《论新时期知青小说的创作形态与文学史价值》，《求是学刊》2011 年第 1 期。

朱爱莲：《试析"80 后"文学文本类型化的创作特色》，《前沿》2012 年第 6 期。

马芳芳：《80 后：浪子与逃离》，《南方文坛》2012 年第 6 期。

付明根：《从〈红 X〉看"80 后"乡村书写与新媒体之关联》，《小说评论》2009 第 4 期。

朱爱莲：《论"80 后"文学的想象世界》，《湖南社会科学》2012 第 3 期。

王文捷：《80 后文学的后现代风格》，《南方文坛》2011 年第 6 期。

帅泽兵：《论"80 后"文学的当代资源与精神传统》，《山西大学学报》（哲学社会科学版）2009 年第 1 期。

刘俊峰：《心灵生存空间的自我解构——由郭敬明〈幻城〉看"80 后"写作》，《小说评论》2009 年第 4 期。

何希凡：《正视一个模糊身份的真实存在——关于"80 后"研究的几个问题》，《文艺争鸣》2010 年第 7 期。

胡朝雯、方长安：《大众读者批评与"80 后"的文学史价值》，《河北学刊》2007 年第 4 期。

滕翠钦：《现代性文化逻辑与 80 后怀旧的意义生产》，《南方文坛》2012 年第 6 期。

昌切：《"80 后"的语文背景》，《社会科学》2006 年第 9 期。

孙葳：《"残酷"如何成为一种"另类"之美——论"80后"作家春树及其写作》，《文艺评论》2008年第6期。

江冰：《论80后文学的文化背景》，《文艺评论》2005年第1期。

江冰：《论"80后"文学》，《天津师范大学学报》（社会科学版）2007年第3期。

江冰：《新媒体时代的"80后"文学》，《小说评论》2008年第2期。

江冰：《80后文学与"80后"概念》，《文艺争鸣》2008年第10期。

江冰：《〈小时代〉："80后"的另类经验》，《小说评论》2009年第4期。

江冰：《"80后文学"的文学史意义》，《文艺争鸣》2009年第12期。

江冰：《"80后"文学："我时代"的青春记忆》，《文艺争鸣》2010年第15期。

江冰：《后青春期：再论"80后"文学》，《天津师范大学学报》（社会科学版）2012年第2期。

田忠辉：《韩寒〈光荣日〉的"异在"声音——从文学"80后"到文化"80后"》，《小说评论》2009年第4期。

谢有顺：《那些坚固的东西都烟消云散了——新世纪文学、〈鲤〉、"80后"及其话语限度》，《文艺争鸣》2010年第3期。

晓华、汪政：《略论当前的青年创作及其批评——兼论文学创作中的"80后"现象》，《天津师范大学学报》（社会科学版）2005年第5期。

王涛：《试论颜歌近期小说创作中的转向》，《贵州民族学院学报》（哲学社会科学版）2010年第6期。

李畅：《一部恢宏的文艺交响乐——颜歌〈声音乐团〉简论》，《当代文坛》2012年第5期。

岳雯：《发现笛安》，《名作欣赏》（上旬刊）2013年第2期。

邵燕君：《以真切体验击穿成长之痛——评笛安的创作》，《南方文坛》2007年第4期。

罗四鸽：《圣阿奎那的启示与笛安的返魅》，《上海文化》2009 年第 5 期。

李一：《写作者的二十岁 如果青春没有了"靶子"——笛安论》，《南方文坛》2011 年第 1 期。

王婷：《论笛安》，《南方文坛》2010 年第 5 期。

赵春秀：《迷惘中的回归——从笛安的"龙城"三部曲谈起》，《文艺争鸣》2013 年第 1 期。

李云雷：《孤独的世代及其奇诡的想象——读笛安的〈宇宙〉》，《名作欣赏》（上旬刊）2010 年第 19 期。

木叶：《叙事的丛林——论笛安》，《上海文化》2013 年第 5 期。

张自春：《"城市怀乡"的实感书写——笛安小说论》，《南方文坛》2015 年第 3 期。

张自春：《真实的多重面影——甫跃辉论》，《中国现代文学研究丛刊》2014 年第 12 期。

张芳馨：《"莲花盛开的村庄"——甫跃辉乡土小说论》，《当代作家评论》2015 年第 1 期。

饶翔：《文珍的"十一味爱"与城市文学》，《创作与评论》2013 年第 4 期。

李云雷：《诗意生活的可能性，及不可能性——读文珍的小说》，《山花》2014 年第 1 期。

刘丽朵：《内室·侵占·再现——文珍小说论》，《百家评论》2013 年第 4 期。

彭超：《隐秘的对称性——七堇年小说创作论》，《百家评论》2015 年第 1 期。

霍艳：《长不大的孩子和他的欲望——郭敬明解析（上）》，《上海文化》2015 年第 1 期。

霍艳：《假装的悲伤和愤恨——郭敬明解析（下）》，《上海文化》2015 年第 3 期。

霍艳：《对被定义世界的质疑——笛安论》，《扬子江评论》2015 年第 4 期。

霍艳：《召唤模式与旅途游戏——七堇年论》，《南方文坛》2015 年第 5 期。

李伟长：《无处安放的身体和灵魂——周嘉宁〈荒芜城〉阅读笔记》，《上海文化》2014 年第 1 期。

王宏图：《身体的飞翔与沉落——从林白〈北去来辞〉到周嘉宁》，《文艺争鸣》2015 年第 8 期。

张定浩：《一个干净明亮的地方——评周嘉宁的短篇小说》，《创作与评论》2015 年第 9 期。

张惠苑：《囚禁在现代性下的城市文学——对 20 世纪 80 年代以来城市文学研究的反思》，《宁夏大学学报》（人文社会科学版）2013 年第 3 期。

陈晓明：《城市文学：无法现身的“他者”》，《文艺研究》2006 年第 1 期。

王黎君：《中国现代文学中的儿童视角》，《文学评论》2005 年第 6 期。

丛治辰：《外部世界与内在自我：我们时代的侨寓困境——甫跃辉论》，《名作欣赏》（上旬刊）2013 年第 12 期。

王晓明：《九十年代与“新意识形态”》，《天涯》2000 年第 6 期。

周宪：《审美现代性的三个矛盾命题》，《外国文学评论》2002 年第 3 期。

刘广涛：《百年青春档案——20 世纪中国小说中的青春主题研究》，博士学位论文，苏州大学，2003 年。

顾广梅：《中国现代成长小说研究》，博士学位论文，山东师范大学，2009 年。

石培龙：《第二媒介时代的文学景观——“80 后”写作现象研究》，博士学位论文，兰州大学，2010 年。

马芳芳：《80 后文学叛逆叙事与传播途径研究》，博士学位论文，吉林大学，2014 年。

胡忠青：《倾斜的青春文学——近年中国校园小说分析》，硕士学位论文，华中师范大学，2004 年。

蒋楠：《"新概念"下的青春文本——解析"80 后"文学创作热》，硕士学位论文，吉林大学，2005 年。

王雅丽：《"80 后"文化现象研究》，硕士学位论文，武汉大学，2005 年。

王玉冰：《个性闪烁在喧嚣的时代——论"80 后"文学》，硕士学位论文，山东师范大学，2006 年。

苏文清：《"80 后"写作与青年亚文化》，硕士学位论文，华中师范大学，2006 年。

李星：《寻找与失落——"80 后"作家身份意识研究》，硕士学位论文，河南大学，2007 年。

李菊：《80 后女作家群体研究》，硕士学位论文，厦门大学，2008 年。

刘强：《论"80 后小说"的创作转型》，硕士学位论文，山东师范大学，2009 年。

林海威：《感性的文学写作到理性的多元创作的蜕变——论"80 后"作家孙睿的成长、转型及多元发展》，硕士学位论文，吉林大学，2009 年。

孟祥敏：《青春的和弦——"80 后"青春写作研究》，硕士学位论文，黑龙江大学，2010 年。

鹿华：《后现代文化语境下的"80 后"文学》，硕士学位论文，陕西师范大学，2011 年。

张超：《"我们"从青春走过——"80 后"文学研究》，硕士学位论文，哈尔滨师范大学，2012 年。

王子杰：《青春症候群——"80 后"青春文学病象诊断》，硕士学位论文，山东师范大学，2012 年。

余凌：《自我与孤独——"80后"青春小说主题》，硕士学位论文，浙江大学，2012年。

孔庆玮：《论新时期以来青春文学的叛逆书写》，硕士学位论文，山东师范大学，2013年。

桂乙雯：《论"80后"小说中青春主题的书写》，硕士学位论文，浙江师范大学，2014年。

乔宏智：《"80后"长篇小说研究》，硕士学位论文，山东师范大学，2015年。

三　报刊、网络资料类

王丽：《中学语文教学手记》，《北京文学》1997年第11期。

薛毅：《文学教育的悲哀——一次演讲》，《北京文学》1997年第11期。

邹静之：《女儿的作业》，《北京文学》1997年第11期。

《"新概念作文大赛"倡议书》，《萌芽》1999年第1期。

《"新概念作文大赛"征文启事》，《萌芽》1999年第1期。

叶欣：《我读〈物理班〉》，《萌芽》1999年第5期。

张悦然、杨葵：《内在的优雅》，《花城》2004年第5期。

张悦然：《我的关于右手的情结》，《上海文学》2004年第8期。

王琨、张悦然：《"我们这一代作家是由特写展开的"——访谈录》，《小说评论》2013年第6期。

笛安：《你的华彩与宁静——留学散记》，《新作文》（高中版）2007年第1期。

张志平、笛安：《〈西决〉：笛安的体验》，《山西青年》2009年第7期。

文珍、李云雷：《文珍：爱的不确定性和宿命感让我着迷》，《西湖》2011年第8期。

文珍：《"80后"看"80后"》，《文艺理论与批评》2005年第1期。

文珍：《河水必定东流》，《文艺报》2013 年 11 月 27 日第 2 版。

颜歌：《成为一个小说家》，《文艺报》2013 年 7 月 1 日第 2 版。

颜歌：《相信并且敬畏》，《作家》2008 年第 11 期。

吴越：《出名太早，不知向何处去——"80 后"周嘉宁与同龄英国作家乔·邓索恩共话"成名后"困惑》，《文汇报》2012 年 8 月 23 日第 8 版。

周嘉宁：《让我们聊些别的》，《收获》2014 年第 1 期。

张悦然、霍艳：《"80 后"的文学对话——霍艳访谈张悦然》，《中国图书评论》2013 年第 7 期。

笛安：《灰姑娘的南瓜车》，《天涯》2010 年第 3 期。

何平：《从把玩到追问的青春叙事》，《文艺报》2013 年 8 月 16 日第 2 版。

颜歌、杨道：《80 后当红作家颜歌：秋天来了，开始写作吧》，《海南日报》2015 年 9 月 14 日第 B12 版。

颜歌、丁杨：《颜歌：写"平乐镇"是种心理治疗》，《中华读书报》2015 年 9 月 30 日第 11 版。

颜歌、走走：《我用了很长时间来让语言"不美"》，《野草》2015 年第 2 期。

张怡微、傅盛裕：《"我们经历了巨大变迁"》，《文汇报》2015 年 7 月 7 日第 10 版。

张怡微：《"有情"与"无情"之间——与〈细民盛宴〉有关的两点想法》，《文艺争鸣》2015 年第 6 期。

金理：《创伤传递与修复世界》，《文艺报》2016 年 3 月 14 日第 2 版。

韩寒、何员外等：《那么红》，中国文联出版社 2005 年版。

郭敬明主编：杂志书《岛》系列，春风文艺出版社 2004—2008 年。

郭敬明主编：《最小说》，2006—2016 年。

笛安主编：《文艺风赏》，2010—2016 年。

张悦然主编：杂志书《鲤》系列，江苏文艺出版社 2008—2010 年；

上海文艺出版社 2010—2014 年；北京十月文艺出版社 2014—2017 年。

小饭、蒋峰主编：杂志书《花火》（创刊号），汕头大学出版社 2005 年版。

韩寒主编：杂志书《独唱团》（第 1 辑），书海出版社 2010 年版。

韩寒主编：智能手机阅读应用《ONE·一个》，2012—2016 年。

看书的企鹅：《郭敬明〈幻城〉抄袭 CLAMP〈圣传〉——插图也抄》（https：//www.douban.com/online/10148993/discussion/15920063/）。

《网易》网站文化新闻专题：《韩寒 PK 白烨：一场骂战揭发的内幕》（http：//culture.163.com/special/00280030/hanbai.html）。

《搜狐》网站博客专题：《韩寒方舟子激辩"代笔门"全记录》（ht-tp：//zt.blog.sohu.com/s2012/hhbzy/）。

四 作品类

许佳：《我爱阳光》，春风文艺出版社 1998 年版。

许佳：《青春雨》，上海人民出版社 1999 年版。

韩寒：《三重门》，作家出版社 2000 年版。

韩寒：《零下一度》，上海人民出版社 2000 年版。

韩寒：《像少年啦飞驰》，作家出版社 2002 年版。

韩寒：《长安乱》，中国青年出版社 2004 年版。

韩寒：《光荣日》，二十一世纪出版社 2007 年版。

寒：《一座城池》，万卷出版公司 2008 年版。

韩寒：《他的国》，万卷出版公司 2009 年版。

韩寒：《1988：我想和这个世界谈谈》，国际文化出版公司 2010 年版。

韩寒：《青春》，湖南人民出版社 2012 年版。

韩寒：《杂的文》，万卷出版公司 2013 年版。

徐敏霞：《我是波西米亚人》，作家出版社 2002 年版。

徐敏霞：《马不停蹄的忧伤》，明天出版社 2007 年版。

马小淘：《火星女孩的地球经历》，时代文艺出版社 2005 年版。

马小淘：《飞走的是树，留下的是鸟》，时代文艺出版社 2005 年版。

马小淘：《慢慢爱》，北京燕山出版社 2010 年版。

马小淘：《琥珀爱》，安徽文艺出版社 2014 年版。

马小淘：《章某某》，安徽文艺出版社 2016 年版。

马小淘：《成长的烦恼》，新疆美术摄影出版社 2011 年版。

苏德：《沿着我荒凉的额》，知识出版社 2002 年版。

郭敬明：《幻城》，春风文艺出版社 2003 年版。

郭敬明：《左手倒影，右手年华》，上海译文出版社 2003 年版。

郭敬明：《爱与痛的边缘》，东方出版中心 2003 年版。

郭敬明：《1995—2005 夏至未至》，春风文艺出版社 2006 年第 2 版。

郭敬明：《悲伤逆流成河》，长江文艺出版社 2007 年版。

郭敬明：《小时代 1.0 折纸时代》，长江文艺出版社 2008 年版。

郭敬明：《小时代 2.0 虚铜时代》，长江文艺出版社 2010 年版。

郭敬明：《小时代 3.0 刺金时代》，长江文艺出版社 2011 年版。

郭敬明：《愿风裁尘》，长江文艺出版社 2013 年版。

落落：《年华是无效信》，春风文艺出版社 2005 年版。

落落：《尘埃星球》，长江文艺出版社 2006 年版。

落落：《不朽》，长江文艺出版社 2007 年版。

落落：《千秋》，长江文艺出版社 2011 年版。

落落：《剩者为王》，长江文艺出版社 2011 年版。

落落：《剩者为王Ⅱ》，长江文艺出版社 2012 年版。

春树：《北京娃娃》，远方出版社 2002 年版。

春树：《2 条命：世界上狂野的少年们》，作家出版社 2005 年版。

春树：《长达半天的欢乐》，世界知识出版社 2003 年版。

春树：《抬头望见北斗星》，东方出版社 2004 年版。

春树：《红孩子》，二十一世纪出版社 2007 年版。

春树：《光年之美国梦》，文化艺术出版社 2010 年版。

春树：《春树的诗》，重庆大学出版社 2013 年版。

春树：《在地球上：春树旅行笔记》，同心出版社 2013 年版。

张悦然：《葵花走失在 1890》，作家出版社 2003 年版。

张悦然：《樱桃之远》，春风文艺出版社 2004 年版。

张悦然：《十爱》，作家出版社 2004 年版。

张悦然：《红鞋》，上海译文出版社 2004 年版。

张悦然：《水仙已乘鲤鱼去》，作家出版社 2005 年版。

张悦然：《昼若夜房间》，明天出版社 2007 年版。

张悦然：《誓鸟》，上海文艺出版社 2010 年版。

张悦然：《茧》，人民文学出版社 2016 年版。

周嘉宁：《陶城里的武士四四》，浙江文艺出版社 2003 年版。

嘉宁：《流浪歌手的情人》，东方出版中心 2004 年版。

周嘉宁：《夏天在倒塌》，春风文艺出版社 2004 年版。

周嘉宁：《女妖的眼睛》，上海人民出版社 2004 年版。

周嘉宁：《杜撰记》，春风文艺出版社 2006 年版。

周嘉宁：《往南方岁月去》，春风文艺出版社 2006 年版。

周嘉宁：《撒谎精的时光宝盒》，明天出版社 2007 年版。

周嘉宁：《天空晴朗晴朗》，明天出版社 2007 年版。

周嘉宁：《最后一次忘记你》，浙江少年儿童出版社 2007 年版。

周嘉宁：《荒芜城》，上海人民出版社 2013 年版。

周嘉宁：《我是如何一步步毁掉我的生活的》，中信出版社 2014 年版。

周嘉宁：《密林中》，广西师范大学出版社 2015 年版。

霍艳：《地下铁》，中国工人出版社 2002 年版。

霍艳：《生如夏花》，北方文艺出版社 2004 年版。

霍艳：《没有人像我一样》，少年儿童出版社 2005 年版。

霍艳：《浪漫的满屋》，中国社会出版社 2006 年版。

霍艳：《给我一刹那宠爱》，中国友谊出版公司2006年版。

霍艳：《日出之前请将悲伤终结》，湖南文艺出版社2007年版。

孙睿：《草样年华》，远方出版社2004年版。

孙睿：《活不明白》，云南人民出版社2004年版。

孙睿：《草样年华Ⅱ》，长江文艺出版社2005年版。

孙睿：《草样年华Ⅲ跑调的青春》，万卷出版公司2009年版。

小饭：《不羁的天空》，浙江文艺出版社2003年版。

小饭：《我的秃头老师》，中国民族摄影艺术出版社2003年版。

小饭：《毒药神童》，东方出版中心2004年版。

小饭：《我年轻时候的女朋友》，中国青年出版社2005年版。

小饭：《蚂蚁》，作家出版社2006年版。

小饭：《爱近杀》，明天出版社2008年版。

小饭：《妈妈，你知道我偏为添乱而生》，上海文艺出版社2011年版。

小饭：《中环线》，国际文化出版公司2011年版。

蒋峰：《维以不永伤》，春风文艺出版社2004年版。

蒋峰：《我打电话的地方》，南海出版公司2004年版。

蒋峰：《才华是通行证》，重庆出版社2005年版。

蒋峰：《去年冬天我们都在干什么》，上海译文出版社2005年版。

蒋峰：《一，二，滑向铁轨的时光》，花城出版社2005年版。

蒋峰：《淡蓝时光》，中信出版社2006年版。

蒋峰：《恋爱宝典》，湖南人民出版社2009年版。

蒋峰：《为他准备的谋杀》，中信出版社2011年版。

蒋峰：《死在六点前》，安徽文艺出版社2014年版。

蒋峰：《白色流淌一片》，北岳文艺出版社2015年版。

李傻傻：《被当作鬼的人》，东方出版中心2004年版。

李傻傻：《红×》，花城出版社2004年版。

胡坚：《愤青时代》，长江文艺出版社2002年版。

张佳玮：《朝丝暮雪》，新世界出版社 2005 年版。

张佳玮：《加州女郎》，湖南文艺出版社 2005 年版。

张佳玮：《再见帕里斯》，作家出版社 2006 年版。

张佳玮：《既然已经走了这么远》，江苏文艺出版社 2014 年版。

颜歌：《马尔马拉的璎朵》，中国工人出版社 2003 年版。

颜歌：《良辰》，长江文艺出版社 2005 年版。

颜歌：《异兽志》，中信出版社 2006 年版。

颜歌：《五月女王》，重庆出版社 2008 年版。

颜歌：《声音乐团》，天津人民出版社 2011 年版。

颜歌：《我们家》，浙江文艺出版社 2013 年版。

颜歌：《平乐镇伤心故事集》，广西师范大学出版社 2015 年版。

笛安：《告别天堂》，春风文艺出版社 2005 年版。

笛安：《芙蓉如面柳如眉》，春风文艺出版社 2006 年版。

笛安：《西决》，长江文艺出版社 2009 年版。

笛安：《东霓》，长江文艺出版社 2010 年版。

笛安：《南音》（上），长江文艺出版社 2011 年版。

笛安：《南音》（下），长江文艺出版社 2012 年版。

笛安：《妩媚航班》，长江文艺出版社 2012 年版。

笛安：《南方有令秧》，长江文艺出版社 2014 年版。

张怡微：《怅然年华》，汕头大学出版社 2005 年版。

张怡微：《青春禁忌游戏》，东方出版中心 2006 年版。

张怡微：《梦·醒》，接力出版社 2008 年版。

张怡微：《下一站，西单》，文化艺术出版社 2010 年版。

张怡微：《时光，请等一等》，上海文艺出版社 2011 年版。

张怡微：《你所不知道的夜晚》，上海文艺出版社 2012 年版。

张怡微：《旧时迷宫》，文汇出版社 2013 年版。

张怡微：《我自己的陌生人》，华东师范大学出版社 2014 年版。

张怡微：《试验》，海豚出版社 2014 年版。

张怡微：《都是遗风在醉人》，山东画报出版社 2013 年版。

张怡微：《因为梦见你离开》，山东画报出版社 2015 年版。

张怡微：《细民盛宴》，人民文学出版社 2017 年版。

七堇年：《大地之灯》，长江文艺出版社 2007 年版。

七堇年：《被窝是青春的坟墓》，长江文艺出版社 2007 年版。

七堇年：《澜本嫁衣》，长江文艺出版社 2008 年版。

七堇年：《尘曲》，浙江文艺出版社 2010 年版。

七堇年：《平生欢》，浙江文艺出版社 2013 年版。

文珍：《十一味爱》，广西师范大学出版社 2011 年版。

文珍：《我们夜里在美术馆谈恋爱》，中信出版社 2014 年版。

甫跃辉：《少年游》，作家出版社 2011 年版。

甫跃辉：《刻舟记》，文汇出版社 2013 年版。

甫跃辉：《动物园》，上海文艺出版社 2013 年版。

甫跃辉：《鱼王》，北京联合出版公司 2013 年版。

甫跃辉：《散佚的族谱》，安徽文艺出版社 2014 年版。

甫跃辉：《每一间房舍都是一座烛台》，作家出版社 2015 年版。

甫跃辉：《安娜的火车》，北京十月文艺出版社 2015 年版。

郑小驴：《西洲曲》，人民文学出版社 2013 年版。

郑小驴：《痒》，河南文艺出版社 2013 年版。

郑小驴：《少儿不宜》，安徽文艺出版社 2014 年版。

吕魁：《所有的阳光扑向雪》，安徽文艺出版社 2014 年版。

吕魁：《朝九晚不归》，作家出版社 2016 年版。

孙频：《绣楼里的女人》，北岳文艺出版社 2013 年版。

孙频：《隐形的女人》，北京燕山出版社 2014 年版。

孙频：《同体》，文汇出版社 2015 年版。

孙频：《假面》，作家出版社 2016 年版。

孙频：《疼》，北京联合出版公司 2016 年版。

孙频：《盐》，北京联合出版公司 2017 年版。

马金莲：《1987 年的浆水和酸菜》，花城出版社 2016 年版。

马金莲：《绣鸳鸯：马金莲中篇小说选》，中国言实出版社 2017 年版。

文珍：《柒》，北京时代华文书局 2017 年版。

张悦然：《大乔小乔》，作家出版社 2017 年版。

夏茗悠：《三年 K 班》，新世界出版社 2010 年版。

夏茗悠：《再见，冥王星》，新世界出版社 2009 年版。

马原主编：《重金属：20 后实力派五虎将精品集》，东方出版中心 2004 年版。

何睿、刘一寒主编：《我们，我们 80 后的盛宴》（上、下），中国文联出版社 2004 年版。

张悦然、颜歌等：《一厘米微蓝》，人民文学出版社 2007 年版。

韩寒等：《10 年新概念："80"后的文字力量》，作家出版社 2008 年版。

韩忠良主编：《21 世纪中国文学大系·青春文学》，春风文艺出版社 2008 年版。

白烨主编：《2009 年青春文学》，春风文艺出版社 2010 年版。

孟繁华主编：《青春小说精品读本：革命时期的爱情》，中国青年出版社 2006 年版。

孟繁华主编：《青春小说精品读本：激情岁月的理想》，中国青年出版社 2006 年版。

孟繁华主编：《青春小说精品读本：变动时代的成长》，中国青年出版社 2006 年版。

孟繁华主编：《青春小说精品读本：艰难时世的感伤》，中国青年出版社 2006 年版。

孟繁华主编：《青春小说精品读本：狂欢时节的张望》，中国青年出版社 2006 年版。

王蒙:《青春万岁》,作家出版社 2009 年版。

杨沫:《青春之歌》,人民文学出版社 1978 年版。

郁秀:《花季·雨季》,海天出版社 1996 年版。

郁秀:《太阳鸟》,江苏文艺出版社 2000 年版。

路内:《少年巴比伦》,重庆出版社 2008 年版。

冯唐:《万物生长》,天津人民出版社 2013 年版。

徐则臣:《耶路撒冷》,北京十月文艺出版社 2014 年版。

[德] 歌德:《少年维特的烦恼》,侯浚吉译,上海译文出版社 2010 年版。

[日] 春上春树:《挪威的森林》,林少华译,上海译文出版社 2007 年版。

[美] 菲茨杰拉德:《了不起的盖茨比》,巫宁坤等译,上海译文出版社 2006 年版。

[美] J. D. 塞林格:《麦田里的守望者》,孙仲旭译,译林出版社 2007 年版。

[美] 杰克·凯鲁亚克:《在路上》,王永年译,上海译文出版社 2006 年版。

[苏联] 高尔基:《童年·在人间·我的大学》,聂刚正等译,译林出版社 2010 年版。

[南非] 库切:《男孩》,文敏译,浙江文艺出版社 2013 年版。

[南非] 库切:《青春》,王家湘译,浙江文艺出版社 2013 年版。

后　记

　　此书由本人博士论文修改而成。原本打算大张旗鼓地增补和修订一番，弥补当年匆忙写作留下的遗憾，但最终却发现很难重新进入这个课题之中，只是修改了绪论开头部分和各章中的一些字句，并添加了附录"'80 后'青春叙事大事记"。

　　这似乎应验了古希腊哲学家赫拉克利特的名言"人不能两次踏进同一条河流"。首先"河流"在变，"80 后"作家转型之后的创作更加精彩和多元。他们的新作虽然还带有青春叙事的印记，但显然超越了早期作品，激发了我追踪批评的兴趣。其次"人"在变。读博期间的我，还自我感觉处于青春的"尾巴"上，对于同代人的青春叙事有着浓厚的研究兴趣。而重新成为压力倍增的大学"青椒"、回归日常家庭生活的我，在短短两三年之后，却无奈地感觉青春正在逝去。聊以自慰的是，与此同时产生了更加冷静客观的态度和更加深广的历史视野。2018 年，我以中国当代小说青春叙事流变史的相关课题，成功申请了中国博士后基金一等资助和山东省社会科学规划项目。这既是"80 后"青春叙事课题的延伸，也是在文学史维度中对其重新定位和评价。

　　对于此书和我的微不足道的学术成长，首先要感谢我的导师贺仲明教授。从 2003 年在南京师大投入恩师门下读硕士，硕士毕业多年后又重回师门在山东大学读博士，直到入职山东师大工作后的今天，十多年来我得到了贺老师在各方面的悉心指导和大力支持，师恩如海，难以言表。在博士论文开题和答辩过程中，温儒敏、张华、郑春、刘方政、孙基林、张福贵、魏建等老师，也提出了许多犀利、深刻的意见，让我受益匪浅，促使我不断修改，也使得这本书呈现出现有的格局和模样。其次我还要衷心地感谢山师本学科诸位老师的帮助，尤其是魏建教授，他是山东师范大学国家重点学科中国现当代文学的学科带头人，作为我的博士答辩委员时曾以深厚的学术功力"棒喝"过我，后又不弃我的浅薄和鄙陋，把我招入麾下，是我为人为文、为人师表的楷模。吴义勤教授在我尚未有缘与之谋面的情况下答应当我的博士后合作导师，使我顺利地入职。其他帮助过我的师友同仁，在此就不一一言谢了。

本书的出版获得了山东省一流学科山东师范大学文学院中国语言文学学科建设经费的资助。本书的部分章节曾以论文形式在《当代作家评论》《扬子江评论》等刊物上发表，深深地感谢韩春燕、黄发有、韩松刚等主编、责编老师。最后诚挚地致谢中国社会科学出版社文学艺术与新闻传播出版中心主任郭晓鸿博士，她为本书的出版付出了不少精力和辛劳。

祁春风

2019 年 3 月 5 日于济南千佛山下